Anonymus

# Vorläufige Beleuchtung und Widerlegung der dokumentierten Geschichts-Erzählung

Anonymus

**Vorläufige Beleuchtung und Widerlegung der dokumentierten Geschichts-Erzählung**

ISBN/EAN: 9783741166587

Hergestellt in Europa, USA, Kanada, Australien, Japan

Cover: Foto ©ninafisch / pixelio.de

Manufactured and distributed by brebook publishing software (www.brebook.com)

Anonymus

**Vorläufige Beleuchtung und Widerlegung der dokumentierten Geschichts-Erzählung**

# Vorläufige
# Beleucht- und Widerlegung

der

von einem hochlöbl. Magistrat der Kaiserl. Reichs-
Stadt Nürnberg zum Druck beförderten, so rubricirten

ausführlich documentirten

# Geschichts-Erzählung.

---

**WIEN,**
gedruckt bey Johann Thomas Edlen von Trattnern,
kaiserl. königl. Hofbuchdruckern und Buchhändlern
1766.

Ad §. 1.

Wann Magistratus zu Nürnberg sein in obiger Rubrica weitwendig enthaltenes vermeintliche Klagwerk auf die verschiedene in der Absicht, die Kaiserliche Reichspostgerechtsame herunterzusetzen, vor und nach zum Vorschein gekommene Schriften, Gründe, und hierab die Waffen zu Bestreitung dieses allerhöchsten Regalis entlehnen will; so kann man ihme diesseits mit Fug dasjenige entgegen stellen, was Herr Rath Groß in Rucksicht der Magistratischen Bedruckung der Nürnbergischen Burgerschaft, seinen ofentlichen Zeitungsblättern eingerucket, und diese zu ihrer Rettung bekannt gemacht hat. Dann so wenig die von dieser Reichsstadt beygebrachte facta mit der hinc inde obwaltenden Zwistigkeit einen Zusammenhang haben, so sehr kommet

A die

die jenseits gebrauchte hochtrabende Schreibart mit dem Benehmen jener Advocaten überein, welche durch ihr gekünstelt-verworrenes Wortspiel die Gegenstände einzuflechten, und eben dadurch die Unvermögenheit ihrer bodenlosen Beweggründen zu verbergen suchen: wie solches

### Ad §. II.

Die jenseitige Citatio Capitulationis Ihro in Gott ruhenden Kaiserl. Majestät Francisci I. glorwürdigsten Andenkens, und jener Ihro glorwürdigst regierenden Kaiserl. Majestät Josephi II., sattsam bestättiget, dann da Magistratus Noricus hierab die Kaiserl. Reichspostbediente denen real=Beschwerden ein für allemal unterwürfig sehen will: dem nur besagten Post-Personali aber von diesen Abgaben sich loszuzählen niemalen in Sinn gekommen, noch eine diesfällige Klage coram augustissimo Judice bis diese Stunde vorgebracht worden ist; so scheinet es allerdings, daß Pars adversa dieses vermeintliche Gravamen lediglich zu dem Ende, um dem Publico etwas vorzuspiegeln, und seinen famosum Libellum zu vergrößern, beygerucket habe.

Unter einem gleichen Gesichtspunkt stellet sich die jenseits in der Beylage Nro. 1. gemachte Anmerkung des von Jahr zu Jahr sich vermehrenden Nürnbergischen Kaiserl. Reichs=Post-Personalis dar: dann wohin Magistratus damit abzielen wolle, solches bleibet ein dieser erleuchten Rathsversammlung zur Auflösung alleinig vorbehaltenes Geheimniß, so viel aber getrauet man sich diesseits abseiten aller von Vorurtheilen unbefangener Gemüther vorhinein zu versprechen, daß selbige, die von dem Gegentheil zu einer vermeintlichen Klage ausgesetzte Zunahme deren Postbedienten, und die damit verknüpften beträchtliche Kösten, als ein dem Kaiserl. Reichs=Post-Generalat zum Ruhm und Verdienst gereichendes Opfer, betrachten werden.

Die

Die weitere magistratische Erwähnung, daß die Post-Officianten um gutwillige Erlaubniß, in bürgerlichen Häusern zu wohnen, ansuchen müßen, und ohne Nachtheil dergleichen nachbarliche Concessionen erhalten, scheinet dies Orts um so übler angebracht zu seyn, als nicht abzusehen ist, wie und mit was Grund derselbe seinen ihme untergebenen Bürgern derley Aufnahme, dem allgemeinen Herkommen entgegen zu untersagen berechtiget seyn könne: ja! und gesetzt, daß die Bürger aus Eigensinn, oder sonstig unerheblichen Ursachen, die Postbediente einzunehmen sich weigern wollten, würde es in Verfolg des von dem gesammten Reich an einem so gearteten und unerwarteten Vorfall nehmenden Antheils, an dem Compelle nicht fehlen, wodurch Magistratus dem Unterkommen des dem Dienst des Publici gewidmeten Post-Personalis, als von ihro Kaiserl. Majestät selbsten determinirten Dienern, in der Stadt vorzuwachen, angewiesen werden thäte.

Querulantischer Magistrat lasset sich in seiner einmal angetretenen Laufbahn durch keine Rücksicht mehr aufhalten: dann nunmehro fallet es ihme ein, sich

1<sup>mo</sup> zu beklagen, daß die Postbediente zu Nürnberg die dortige Policeyeinrichtungen gering schätzen, und daß die nicht seltene Verletzung derselben durch Mißbrauch derer Personal-Freyheiten, und Beförderung allerley Unterschleife begleitet werde.

Eine allgemeine und keinem besonderen Vorfall angemeßene Beschuldigung kann nicht anders als verdächtig seyn, und in die Rubric derenjenigen gehören, welche als mera asserta dem Ankläger ad probandum zurückgegeben werden. Wie der Anfang, so ist der zum Beschluß angefügte Wunsch beschaffen, daß nemlich eine allgemeine Abstellung derley nur in ei-

B   ner

ner aufgebrachten Einbildung beruhender Beschwerden höchst nöthig zu achten, und denen Reichsgrundgesetzen nach, zu verfügen seyn möchte.

Schwer, ja unmöglich dörfte es Magistratui fallen, einem andern Reichsstand beyzubringen, der darüber klaget, was der Erstere zu einem Unfug qualificiret; es verrathet dahero der ohne statthaften Anlaß lermenschlagende Pars adversa die ihme gantz eigene Absicht, das Kaiserl. Reichs-Post-Regale mit gehäßigen Farben abzuschildern; sohin auch, und da

2<sup>te</sup> Magistratus die von Kaiserl. Majestät per Mandatum dd. 12 Julii 1764, & per Paritoriam rechtlich entschiedene Ausnahm von allen Kirchlichen- und Porachial-Rechten neuerdings aufwärmet, seine Voluminose Geschichtserzählung zu vermehren. Endlich und

3<sup>ten</sup> wird der Stachel gegen die Kaiserl. Reichspostwägen gerichtet, und darob, daß solche nach ihrer dermaligen, jenseits hyperbolice vormalenden ungeheuren Größe, ihre ursprüngliche Einrichtung überschritten hätten, so fort in ein gemeines Fuhrwerk verwandelt wären, und ein guter Theil der Burgerschaft hierunter leiden thäte, ein Exercitium abusivum zu erzwingen gesuchet. Allein dieser schnöde Vorwurf verfasset durch den Anbetracht, daß denen sich meldenden Passageurs hinlängliche Gemächlichkeit, von einem Ort zum anderen zu kommen verschaffet werden müsse. Wahr ist es, daß anfänglich auf ein und andern Rouen Postwägen zu 4 Personen lediglich, aufgestellet waren; da aber nachhero und zum öftersten bey derselben Abgang 6 bis 8. Passageurs sich eingefunden haben, so mußte entweder die Vergrößerung deren Wägen nach dem merklichen Zuwachs deren Reisenden abgemessen, oder aber aus einer blinden Gesättigkeit für den hochlöbl. Magistrat, die zur Abreis fertige Personen,

aus

aus Abgang des erklecklichen Raums abgewiesen, und folglich dem Gegentheil zu Liebe, einer unverantwortlichen Versäumniß bloß gestellet werden.

Zähle man die wenigstens auf 8 Centner sich belaufende Bagage von acht in dem Wagen befindlichen Personen, denen vielen und noch auf der Route sich anhäufenden beschwerten Briefen, Paqueten, und kleinen Balloten bey, so wird man sich weiter nicht wundern, daß die Größe des Postwagens nach der aufhabenden Befrachtung proportioniret seyn müße.

Wollte dem ungeachtet, hochlöbl. Magistratus ein Model von einem nicht so groß in die blöde Augen fallenden, die nur berührte Last jedennoch enthaltenden Wagen an Handen zu geben die Güte haben, so würde demselben man diesseits dafür sich verbunden erkennen; nur zweiflet man, daß, falls der Abriß von dem nur zu 6 Personen gebauten, denen Kaiserl. gleichwohl an Größe nichts nachgebenden Hamburger Botenwagen vorgeleget werden wollte, derselbe zu einer Nachahmung dienen könne.

So sehr ferner Hochlöbl. Magistratus einen anderweiten von denen Postwägen dem gemeinen Fuhrwerk zugehenden Nachtheil darab zu erzielen sich bestrebet, daß wegen Ueberladung der Erstern, man selbige nicht selten mit bepackten Beywägen begleitet siehet, so gütig wird dieses selten, und nur alsdann ergreifende Hülfsmittel von dem billiger denkenden Publico aufgenommen, wann dessen Effecten mit dem ordinairen Postwagen nicht abgehen können, folglich die Kaiserl. Reichs-fahrende Post-Expeditionen nach einer gewiß zu belobenden Vorsicht, und mit einem größern Kostenaufwand, des geschwindern Fortkommenswillen, dieses für die interessirte allerdings vortheilhafte Expediens erwählen. Nur die jetzseitige Anfeindung des Kaiserl. Reichspostwesens, und die von dem Magistrat für ein Dutzend

Fuhr-

Fuhrleute hegende Vorliebe laffen die offenbar erſprießlichſte Vorkehrungen auf einer ſchlimmen und gehäßigen Seit betrachten.

Ohne ſich hierorts bey der jenſeits, aus deſſen vorliegenden allegatis ziehenden vermeintlichen Folgerung, daß nemlich, da die Poſtwägen bey ihrem Urſprung unter dem Begriff einer eilenden Poſt angegeben worden, der hierbey vorgeſtrckte Entzweck nicht erreichet werden könne, aufzuhalten, geſtalten, daß ſolche in der beſtimmten Zeit an Ort und Stelle eintreffen, ſo wie der Unterſchied zwiſchen denen Poſt- und Frachtwägen ohnehin reichskündig iſt, kann man den von Magiſtratu ſelbſten aus Anlaß deren Beywägen eingeſtandenen Vorzug unberührt nicht laſſen, wodurch das Publicum ſeine verſendende Effecten denen Poſtwägen weit lieber, als denen Fuhrleuten anvertrauet.

Endlich und am Schluße des gegenwärtigen §., nimmt Magiſtratus, alle Kräften zuſammen, um unter einem künſtlich eingekleideten Blendwerk, und mittelſt aufgehäuften übertriebenen Ausdrückungen, denen höchſt- und hohen Reichsſtänden eine gemeinſame Theilnehmung gegen die Kaiſerl. Reichspoſtwägen beyzubringen: allein die von Denenſelben bis jetzo über ſothane durch Ihre reſpective Territoria gangene fahrende Poſtgemächlichkeit geäußerte Zufriedenheit, auch mehrmalen zu des Kaiſerl. Reichs-Poſt- Generalats beſonderer Dankverehrung, in Vorkommniſſen geleiſteter wirkſame Vorſchub laſſen zuverſichtlich vorſehen, daß Magiſtratus anſtatt des anhoffenden gewünſchten Erfolgs, mit ſeinem für die Poſtwägen deſtructiven Vorhaben ſcheittern werde.

Ad §. 3.

Daß Magiſtratus das Reichsſtädtiſche Botenweſen als beſtberechtiget, utile, und gemeinnützlich caracteriſiret, terisirt, solches lasset man einsweilen an seinem Orte gestellet seyn; der jenseits aufstellende Grundsatz aber, wodurch nur besagtes Botenwesen für unentbehrlich paſſiren solle, wird und kann um so weniger Stich halten, als die zeitherige Erfahrung, daß in Franckfurt und Cölln nach denen dort abgeschafften Boten, die Correspondenz durch die Kaiserl. Reichsposten weit besser, als durch die Boten befördert worden sey, das Gegentheil überzeugend bewähret; und wenn ein und andere Glieder des Nürnberger Raths, ihre in Rucksicht der von Ihnen reiflich überlegt- und gut gefundener Abschaffung dortiger Boten, mündlich beschehene Aeußerungen, wiederholter zu bestättigen getrauten, oder wollten, so würde die ohnehin nur ideale, folgsam auf seichen Boden gebaute vermuthliche Ohnentbehrlichkeit von selbsten zerfallen.

Das Kaiserl. Reichs-Post-Generalat hat wircklich ein jederzeit auf das Botenwesen gerichtetes wachsames Aug gehabt, und den von daher bemerckten Unfug gehöriger Orten gerichtlich vorzustellen unverfehlet, und sind auch denen für das gemeine Beste nachtheilig befundenen Boten-Excessen mehrere Definitiv-Urtheile, und nachhero die Kaiserl. Wahl-Capitulationen gerechtsst entgegen gesetzet, und eben dadurch die Reichsposten, um sich gegen derley Eingriffe zu verwahren, und das Uebel aus der Wurzel zu heben, berechtiget worden.

Die unterm 2. Augusti 1615. dem Magistrat zu Nürnberg gegebene Zusage, dem dortigen Botenwesen keinen Eintrag zu machen, verbleibet allemal in seiner Richtigkeit, so jedennoch, daß derselbe die in seinem Impresso gleichsam erzwingen wollende Nachsicht, deren von seinen durch keine Zwangmittel mehr in ihre gesetzmäßige Schrancken zurück zu leitenden

Boten, zu Verachtung deren Kaiserlichen und des Reichs Verordnungen, ungescheut verübenden Excessen nicht verlangen könne.

Da man also das alt-hergebrachte Botenwesen diesseits anerkennet, und lediglich dessen Ueberschreitungen anfechtet, so sind die jenseitige ex ante-actis weitwendig beygebrachte Citationes um so mehr überflüßig, als nach jedesmaliger über diesen Gegenstand geprüfter Erörterung, dem Kaiserl. Reichs-Post-Regali das Wort gesprochen, dahingegen deren Boten Unfug geahndet worden ist.

Ad §. 4.

Die Magistratische Bemühung, die Veranlassung des untern 8ten Julii 1746. gegen die Leipziger Boten ergangenen Mandati S. C. sodann der Paritoriæ vom 28ten Nov. 1748. zu verdunkeln, anstatt eine für seine Grundsätze gedeihliche Wirkung hervor zu bringen, leget vielmehr überhaupt, und besonders durch die derist angefügte Aeußerung, daß die diesseitige pro decernendo Mandato &c. S. C. eingerichte Supplica unerfindliche Beschwerden enthalten, und höchstpreißlich Kaiserl. Reichshofrath hierauf seinen Ausspruch gegründet habe, die jenseitige in Ansehung dieses lediglich nach der genauesten Prüfung deren vorkommenden erprobten und documentirten Vorträgen zu urtheilen gewohnten höchsten Reichsgerichts, allerdings verkleinerliche, folgsam ahndungswürdige Neigung an Tage.

Im Anfange dieses §., und gleichsam im Vorbeygehen, will der Gegentheil denen Reichsposten eine willkührliche Auslegung der Kaiserl. Wahl-Capitulation, und namentlich Art. XXIX. §. 3. aufbürden: allein da man diesseits an den wahren Sinn und Buchstaben unabweichlich sich haltet; so wird im Gegentheil die von Magistratu eigenmächtig unternommene, und nach dessen Privat-Absichten abgemessene, sohin strafbare Verdre-

hung

hang dieses an sich klar Ziel und Maß gebenden Reichsgesetzes retorquendo weiter unten sich veroffenbaren.

Man hat übrigens nicht nöthig, von dem Magistrat den diesseits ohne weiteres Darthun schon bekannten Unterschied zwischen denen sogenannten Reben- und Winkelboten, dann dem uralten Reichsstädtischen Botenwesen sich belehren zu lassen; wie man dann solche auch keineswegs mit einander zu vermischen, sondern nur die von dem letzteren verübende, in der Kaiserl. Wahl-Capitulation ausdrücklich verbotene Excessen, gehöriger Orten zu verfolgen gedenket.

Endlich und schlüßlich kann man den von Magistratu seiner aller devotesten Paritions-Anzeige beygefügten, hauptsächlich aber aus denen Formalien der Capitulation Art. XXIX. §. 5.

„ Auch sollen und wollen wir darauf so lang halten und
„ halten lassen, bis von Reichswegen ein anderes beliebet wer-
„ den wird.

hergeleiteten affectirten Vorbehalt, wodurch derselbe alle in Postsachen sich ergebende Zwistigkeiten der Reichstags-Entschließung anheim geben will, mit Stillschweigen nicht übergehen.

Wie schwach die jenseitige, auf einer für ihn glücklichern Zukunft beruhende Hoffnung, und wie unrichtig der Begriff eines pro re nata reservirten Recursus ad Comitia sey, davon giebt die Geschichte einen unumstößlichen Beweis; wie dann einem Hochlöbl. Magistrat die in denen bey dem Westphälischen Friedensschluß abgehaltenen Protocollis, und verhandelten Acten ersichtliche, von denen damaligen Kaiserl. Herrn Bothschaftern abgegebene, und niemalen widersprochene Declaration, vermög welcher das Reservatum Cæsareum Postarum, und die darab entstehende Irrungen lediglich von des Reichs obristen Richter entschieden werden sollen, eben so, als weiter bekannt seyn muß, daß die bey dem nur gedachten Friedensgeschäfft gegen die Kayserliche Reichsposten vorgekommene Klagen dem Reich zur Untersuchung übergeben, selbige auch von Ihme bewerkstelliget, sofort durch die Wahl-Capitulationen die abhelfliche Mittel bestimmet, und von Kaiserl. Majestät die Obsorge, über deren Vollzug vorzuwachen, übernommen worden sey. Man wird also Magistratischer Seits, mit der von Ihm dem Reich eigenmächtig über die gegen das Kaiserl. Post-Regale zu der Zeit eingekommene Klagen einraumenden Cognition, und sohin auch dem darinn suchenden Rettungsmittel wenig auszulangen, von selbsten erkennen.

### Ad §. 5.

Von der jenseits in dem vorstehenden §. angegebenen vermeintlichen Sicherheit, wird auf einmal ein unvermuthteter Absprung auf die ungegründete Muthmaßung gemacht, daß die Kaiserl. Reichsposten eines Theils durch die Rückerinnerung auf die in der Kaiserl. Wahl-Capitulation nur provisionaliter enthaltene Verordnung, anderen Theils aber und besonders um die Erörterung der Frage, was unerlaubte Briefschaften, und Wegsachen seyn möchten, zu vermeiden, von dem weiteren Betriebe gegen die Boten abzustehen, veranlasset worden wären?

Auf das erstere, nemlich die provisorische Verfügung zu kommen, ist selbige bereits erläutert worden, nur muß man sich billig wundern, wie ein Hochlöbl. Magistrat dem Kaiserl. Reichs-Post-Generalat diese Art von Schwachheit zumuthen könne, daß selbiges ein Kaiserliches Mandatum gegen den Unfug deren Boten habe nachsuchen, und nach Erhaltung, dessen Vollzug durch eine nachtheilige Rücksicht erliegen lassen, inmittelst aber, und bis zu einer anderweiten, von Reichswegen erfolgenden Vorkehrung, denen Botenüberschreitungen gelassen fen nachsehen, sohin den Ihm durch ein Urtheil zugesicherten Vortheil, einer ungewissen Ereigniß, wofür die mehr erwähnte Clausula der Kaiserl. Wahl=Capitulation allerdings gehalten werden muß, aufopfern wollen.

Was den zweyten Punkt betrifft, kann man nicht begreifen, wie ein sonst erleuchter Hochlöbl. Magistrat auf den unüberlegten Gedanken gerathen seyn möge, als ob die Kaiserl. Reichsposten aus Furcht, daß die Erörterung deren erlaubt- oder unerlaubten Briefschaften und Wegsachen zur Sprache kommen könnte, das Schicksal deren Boten durch ein weniger hartes Verfahren zu lindern, für räthlicher angesehen hätten.

Eine so geartete Bedenklichkeit kann in diesseitiges Benehmen um so weniger einigen Einfluß haben, als statt der jenseits angegebenen Dunkelung, in dem eröfneten XXIX. Artikel Capitulationis dasjenige, was denen Boten, zu verführen erlaubt, oder verboten ist, handgreiflich bestimmet wird. Allein alle auch noch so üble Behelfe werden zur Hand genommen, wenn man, wie Magistratus, seine einseitig=partheiliche, und hiernächst ausführlicher vorkommende Auslegung mit Gewalt durchzutreiben suchet.

### Ad §. 6.

Wird die unterm 2. Martii 1765. gegen den Leipziger Boten, zu Erlangen vorgenommene Visitation, als ein merkwürdiger Zeitpunkt betrachtet, und solche, ob man schon von der im Jahr 1748. ergangenen Paritoria an, ununterruckt, und nach Willkuhr, auch ohne andere als die alleinige Formalität, denjenigen Reichsstand, in dessen Gebiete die Visitation geschehen solle, vorläufig zu requiriren, damit vorzugehen berechtiget war, als ein neuer Eingriff in das Reichsstädtische Botenwesen vorgestellet.

Hierbey lasset es ein Hochlöbl. Magistrat noch nicht bewenden, sondern dieser Vorgang will ohne weitere Ruksicht als ein widerrechtlich- und unverantwortliches Factum qualificiret, und damit erwiesen werden, daß demselben die, der jenseitigen Meynung nach, in Verfolg der Kaisrl. confirmirten Reichspostordnung dd. 24. April. 1744. §. 17., und des in der angeführten Mandat-Sache ergangenen Conclusi Cæl. Clem. dd. 2. Martii 1750. erforderliche Imploration der ordentlichen Obrigkeit nicht vorausgegangen sey.

Wem die diesfällige der Sachen Liegenheit unbekannt ist, der sollte, von denen gegentheiligen Allegatis præoccupiret, fast glauben, daß man zu dem diesseitigen Betragen die alleinige Willkühr zur Richtschnur genommen, und die Obristrichterliche über diesen Gegenstand ergangene Verfügungen außer Acht gesetzt habe.

Allein so ungern man auch immer daran kommet, so sehr siehet man sich bemüßiget, zu diesseitiger Rettung, den Schleyer zu des Gegentheils Beschämung aufzudecken, sohin dessen grundfalschen Citationen die aus denen hierunter folgenden Extracten derjenigen Stellen, worauf ein Hochlöbl. Magistrat seine Anschuldigungen bauet, offenbar vorleuchtende Wahrheit entgegen, und einem unpartheyischen Publico vor Augen zu stellen.

Der von der belobten Postordnung lautet Art. 17. wie folgt:

„ Weilen durch die Generalien denen Lehnrößlern,
„ Metzgern, und Boten die Leute mit vorreitenden Knech-
„ ten, und aufgebundenen Felleisen, wie auch das Posthorn
„ zu führen, unterwegs Pferde zu wechslen, und das Brief-
„ sammeln allerdings verboten; als sollen die Postmeister,
„ Post-

„ Poſtverwalter, und Poſthalter gute Obacht haben, daß
„ darwider nicht gehandlet, ſondern diejenige, welche,
„ was diesfalls allergnädigſt anbefohlen, übertre-
„ ten werden, mit jeden Orts obrigkeitlicher Aſ-
„ ſiſtenz zu gehorſamen angehalten, und das Gehö-
„ rige vorgekehret werde „. ꝛc.

Der Innhalt des vom Gegentheile ebenmäßig falſch alle-
girten Concluſi Cæſ. Clem. iſt der nemliche, wovon der Ex-
tract alſo lautet:

„ Als laſſen es Ihro Kaiſerl. Majeſtät bey dieſer des
„ Magiſtrats beſchehenen Paritions-Anzeige allergnädigſt be-
„ wenden, und hat in Verfolg deſſen Magiſtrat beſagte Bo-
„ ten zur genauen Befolgung obberührter Kaiſerl. Verordnun-
„ gen mit allem erforderlichen Nachdruck anzuhalten; mithin
„ nicht zu geſtatten, daß denſelben ferners zuwider gehandlet
„ werde, ſondern bey ſich ergebendem Contraventions-Fall
„ die befundenen Exceſſe unverzüglich abzuſtellen, und gegen
„ die Contravenienten mit der in denen Kaiſerl. Poſt-Paten-
„ ten enthaltenen Strafe zu verfahren „. ꝛc.

Wie kann es alſo einem nur vernünftig denkenden Ge-
müth einfallen, daß unter der Benennung eines jeden Orts
obrigkeitlicher *Aſſiſtenz*, Magiſtratus Noricus verſtanden,
und derſelbe als ohnehin Pars intereſſata in ipſiſſima cauſa,
vor einer unternehmen wollenden Boten-Viſitation prævie re-
quiriret werden müſſe?

Halte man das Magiſtratiſche Vorgeben, und die erſt bemerkte Extractus zuſammen, ſo wird einer Seits der böſe Willen, durch unrichtige Allegata, ſeinem unſtatthaften Klagwerk
eine andere und beſſere Geſtalt zu geben, ſofort der ab dießſeiti-
ger Vorkehrung deren Capitulations- und Patenten-mäßiger

Mittel, unzweifentlich vorsehender merklichen Heruntersetzung des dem Gegentheil so sehr, auch aller verübenden Excessen ungeachtet, am Herzen liegenden Botenwesens, durch falsche Citationes, folgsam per fas & nefas vorzukommen, andrer Seits aber sich ergeben, daß das von einem Hochlöbl. Magistrat anzuschwärzen gesuchte, nach denen Reichsgesetzen aber vollkommen abgemessene Reichspostamtliche Betragen untadelhaft, und gegen die jenseitig-unverdiente Vorwürfe gesichertet sey.

Schlüßlich gestehet ein Hochlöbl. Magistrat ein, daß ihm mittelst eines dd. 5. Martii 1765. von dem Oberpostamte daselbst übergebenen Pro-Memoria die Nachricht von der beschehenen Visitation ertheilet, und derselbe zugleich, um den Leipziger Boten in die gesetzmäßige Schranken zurückzuleiten, angegangen worden.

Durch das diesem Pro-Memoria angefügt gewesene gedruckte Avertissement ist der Gegentheil von dem durch den jetzt besagten Boten verübten Unfug, und ab denen nachherigen Visitationen sattsam überzeuget worden, daß derselbe darinnen zu verharren gedenke; anstatt nun in Verfolg des obbelobten Conclusi, Patent-mäßig gegen den Uebertreter vorzugehen, hat man sich, ohne Rucksicht deren Kaiserl. allerhöchsten Verordnungen, ab Seiten eines Hochlöbl. Magistrats, eine unverantwortliche Nachsicht, und zugleich bey nachhero oft wiederholten Oberpostamtlich-gegründeten Anzeigen, daß des von Magistratu vorgegebenermaßen, seinen Boten keine verbotene Briefe und Paqueter aufzunehmen ertheilten gemessenen Befehls ungeachtet, dieselben in ihren Contraventionen vor wie nach fortführen, eine sträfliche Unwirksamkeit zu Schuld kommen lassen, und dadurch nicht undeutlich zu verstehen gegeben, daß man die unter der bewiesenen offenbaren Vorliebe versteckte Magistratische Abneigung dem

Kaiserl.

Kaiserl. Reichs-Post-Generalat, mit Hintansetzung derrn Kaiserl. allerhöchsten Verfügungen, empfinden lassen wolle.

### Ad §. 7.

Wenn ein Hochlöbl. Magistrat an die von ihm in dem vorstehenden §. angeführte Kaiserl. confirmirte Postordnung sich hätte zurückerinnern wollen, würde er nicht verlanget haben, daß bevor zu der zweyten Visitation des Leipziger Boten geschritten worden, man diesseits gedachten Hochlöbl. Raths Gegenantwort hätte abwarten sollen, um so weniger, als durch die nur belobte Postordnung, alle Postmeister, Postverwalter, und Posthalter die Boten zu visitiren, und eben dadurch ihre von Kaiserl. Majestät, und allerhöchst Ihro beschwornen Wahl-Capitulation verbotene Ueberschreitungen zu verhindern, ausdrücklich angewiesen werden. Und was hätte übrigens die Abwartung der jenseitigen Antwort fruchten können, da ein Hochlöbl. Magistrat durch ein anderweit Oberpostamtliches Pro-Memoria, und abermalige Anlegung eines gedruckten Avertissement vom 10. Martii d. a. die immer andauernde Excessen des Leipziger Boten ersehen, denenselben gleichwohl, wie es jedennoch vom 5. bis auf den 9. dicti mensis, wo der Bot Liebermann von Nürnberg nach Leipzig gereiset, hätte geschehen können und sollen, keine abhelfliche Maß gegeben hat? Aus welcher Nachsicht dann erhellet, daß eines Theils die Kaiserl. Reichsposten einer denenselben nachtheiligern Formalität durch die unverlangte Zuwartung sich unterworfen, andern Theils aber der Gegentheil seiner devotesten Parition-Anzeige von 1748., und dem Conclufo de Anno 1750. diametraliter und geflissentlich entgegen gehandelt hätte. Es lasset sich dahero die von Magistratu dem allerhöchsten Reichsoberhaupt gegebene Verheißung, gegen die gesetzwidrige Excessen derer Boten nach der vorgeschriebenen

Schärfe

Schärfe zu verfahren, mit deſſen ſträflichen Unwirkſamkeit keinesweges vereinbaren.

Ad §. 8.

Ein Hochlöbl. Magiſtrat will auf die in dem Oberpoſtamtlichen Pro-Memoria vom 5. Martii enthaltene Zuſicherungen eines guten nachbarlichen Einverſtändniſſes einen Zweifel ſetzen: allein da ſolche præſupponiren, der Gegentheil würde ſeines Orts der oft belobten Paritoriæ die ſchuldige Folge leiſten, ſohin deſſen Boten die Beobachtung derer ihnen angewieſenen Schranken aufgeben; ſo wäre es zu viel verlangt, daß die Poſtamtlich-Nachbarliche Aeußerungen eine der jenſeitigen Obliegenheit zuwider laufende Wirkung hervorbringen, und man durch ein verzagtes Benehmen ſich eine Contravention der Poſtordnung, und anderer Kaiſerl. allerhöchſten Verordnungen zu Schulden kommen laſſen ſollte.

Ein Hochlöbl. Magiſtrat hat zwar in ſeinem dd. 13. Martii abgelaſſenen Gegen-Pro-Memoria die Neigung, ſeine Boten in die Reichsgeſetzmäßige Schranken zu verweiſen, nicht ohne Selbſtruhm zu erkennen gegeben: da aber die reſpective unterm 5. und 9. Martii abgegangene Leipziger-und alle andere Boten, nach Ausweis deren nach und nach erfolgten Viſitationen, jedesmal mit verbotenen Briefen und Paqueten, ſohin fortwährig ſtrafbar befunden worden; ſo iſt es bey dieſer jenſeits angerühmten Neigung, ohne einen zu deſſen Bethätigung erforderlich-wirkſamen Vorſchritt zu machen, verblieben, und eben dadurch der geſchöpfte gegründete Verdacht beſtättiget, daß man ab Seiten eines Hochlöbl. Magiſtrats ehender den Unfug deren Boten unter der Hand zu begünſtigen, als demſelben das ſchuldig abhelfliche Ziel zu ſetzen gedenke. Mittel, wodurch gleichwohl das alt-eingeführte Botenweſen von fernern Viſitationen ſich

alleinig

alleinig erkaufen, und sein Exercitium ungehindert fortsetzen kann.

Bey allegirung des Beschwerungsschreiben von dem Hochlöbl. Fränkischen Kreis dd. 3. May 1701. kann jenseits keine andere Absicht, als jene vermeyntliche Klagen durch jene, welchen nach Befinden ohne Zeitverlust, und so zu sagen in der Geburt abgeholfen worden ist, zu vergrössern vorgewaltet haben.

Wann ein Hochlöbl. Magistrat solchergestalten seinen Sätzen ein Gewicht zu geben glaubet, so hätte die aufgewärmte Erzählung derer Beschwerden, welche bey dem vorgewesenen Westphälischen Friedensgeschäffte auf das Tapet gebracht, und denen nachhero durch die Kaiserl. Wahl-Capitulation die erforderliche Remedur verschaffet worden, darzu ebenmäßig dienen, und einen ziemlichen Raum ausfüllen können. Allenfalls, und wann dem Gegentheil mit der Vielheit fremder Beyspiele gedienet ist, könnte man demselben mehrere, gegen die Kaiserl. Reichsposten, von Zeit zu Zeit, erregte Gravamina an Handen geben, zugleich aber überzeugend erweisen, daß solche, wann sie gegründet befunden worden, alsogleich ihre hinlängliche Abhelfung erhalten haben.

Uebrigens will man auf die bereits oben gegebene Erläuterung in Rücksicht derrn jenseits, nach der angenommenen Vergrösserungsart, unter der Gestalt eines gemeinen Fuhrwerks, dem Publico vorgemalter Postwägen, um unangenehmen Wiederholungen auszuweichen sich anmit beziehen, und nur dem von dem jenseitigen Schriftsteller ob dem unschuldigen Transitu durch die Reichsständische respective Territoria, mit Haaren herbeyziehenden Præjudiz die bewährte Erfahrung entgegenstellen, daß anstatt darüber sich zu beklagen, die Reichsstände sothane, von niemand als dem aufgebrachten Hochlöbl.

Stadt-

Stadtrath zu Nürnberg angefochtene Paſſage vermehret zu ſehen wünſchen. Auch das an ſich ganz unſchuldige Avertiſſement vom 9. Martii 1765, wodurch das Kaiſerl. Reichsoberpoſtamt Nürnberg die zum Lärmen machen vielleicht unter der Hand verleitete Correſpondenten mit ihren allenfalſigen Klagen an die Kaiſerl. Reichsfahrende Poſt-Expedition daſelbſten freundſchaftlich, und unter der angefügten Verſicherung einer, befindenden Sachen nach, ſchleunig erfolgenden Remedur verwieſen hat, hat der magiſtratiſche Schriftſteller unangetaſtet nicht belaßen, ſondern dahin ausgedeutet, daß ſolches aus keiner andern Urſache, als um die bey denen Boten-Viſitationen beförchtende Vorwürfe abzuleinen, veranlaßet worden wäre.

Man kann ſich dieſer Vorwürfe wegen um ſo beruhigter halten, als ein durch die Reichsgeſetze ſelbſten gerechtfertigter Vorgang keine weder vorſehen, noch vermuthen laßet, und poſito, ſed non conceſſo, die Viſitationen thäten höheren Orten ſo, wie von Magiſtratu, qualificiret werden; ſo laſſet ſich doch nicht abſehen, was ſolche Vorwürfe mit dem freywillig durch den Druck bekannt gemachten Avertiſſement für einen Zuſammenhang haben können.

Man glaubet dahero, die magiſtratiſch hierunter verborgene Abſicht, nemlich der uneigennützigen Oberpoſtamtlich-heilſamen Vorkehrung den unzweifentlich gebührenden Verdienſt zu benehmen, errathen zu haben.

Dem gegentheiligen, alles, ja! denen nützlichſten Handlungen, einen gehäßigen Anſtrich zu geben gewohnten Schriftſteller muß es, und vielleicht gefließentlich entfallen ſeyn, daß, als das Kaiſerl. Reichsoberpoſtamt einen neuen Tarif für die fahrende Poſt allorten auflegen zu laßen, für gut befunden hat, von demſelben eine abermalige Probe ſeiner billigen Denkensart

art an Tag geleget, sohin noch vor dem Druck, ein Hochlöbl. Magiſtrat nachbarlich, und zu verſchiedenen malen erſuchet worden ſey, zwey Marktvorſteher, und vier Kaufleute des Endes zu ſubdelegiren, damit ſelbige die bey ſothanen Tarif allenfalls erforderliche, nach der Billigkeit erwogene Abänderungen, und überhaupt ihre gutächtliche Gedanken an Handen geben möchten, Anſinnung, welche für das geſammte Publicum vortheilhaft, und dahero eine jenſeitige Willfährigkeit billig zu vermuthen war; allein das Magiſtratiſche, über dieſen Gegenſtand fortwierige Stillſchweigen hat auch dieſe gegründete Hoffnung zu diesſeitiger Beſtrebung, und Aergerniß verſchiedener Nürnbergiſcher Kaufleutren fruchtlos gemacht.

Wann von Magiſtratu Norico dieſer gütliche Beytritt, wie es ſcheinet, aus der Urſache, weilen derſelbe den vorhin beſtandenen Tarif für moderat, und nach der Billigkeit abgemeſſen anerkennet hat, ſtillſchweigend übergangen, mithin die diesfällige Vorſchritte für unnöthig erachtet worden, wollte man von Oberpoſtamtswegen, dies offenbare Kennzeichen der unverſchuldet geringen, und keinesweges nachbarlichen Gegenachtung gerne, und gleichgültig überſehen.

Der jenſeitige Schluß aber, daß nach Ruin der Boten, die Abſtellung deren angeblichen Beſchwerden nimmermehr wirkſam gemacht, ſondern vielmehr in eine monopoliſche Vergrößerung, und Bedruckung des Commercii verwandelt würde, iſt ein unüberlegt in den Tag hinein geſchriebenes, einem Kaiſerl. allerhöchſten Regali allerdings injurioſes, und um ſo weniger jemalen erprobet werden könnendes Aſſertum, als

1<sup>mo</sup> man keinesweges die völlige Abſchaffung des Botenweſens, ſondern lediglich die Abſtellung deſſelben geſetzwidriger Excellen zum Gegenſtand hat. Wird

2*^do* ein Hochlöbl. Magistrac die auf allen Blättern des jenseitig-weitschichtigen Klag- und Schreibwerks wiederholende angebliche Mißbräuche darthun, so kann sich derselbe einer ungesaumten Abhelfung gesicheret halten, wie dann der Gegentheil an Bestimmung der zu diesem Ende erforderlichen Mittel, durch Abschickung deren anverlangt oberwähnten Deputirten, selbst hätte mitwirken können. Endlich und

3*^tio* weiß man nicht, wie ein erleuchtes Nürnberger Raths-Collegium den mit Verletzung der Wohlanständigkeit gebrauchten Ausdruck eines dem Kaiserl. Reichs-Post-Generalat boshafter Weise angedichteten, und vorgeblich auf dem Grabe des gestürzten Botenwesens erbauet werden sollenden Monopolii, und Erweiterungs-Absichten gehörigen Orts rechtfertigen könne. Dann so wenig man bis diese Stunde mit derley Gedanken jemalen umgegangen ist, so sehr hat man das cuique suum jederzeit genau zu beobachten, sohin in dem wohlhergebrachten Capitulationsmäßigen Esse sich zu erhalten, danebens aber gegen den nachtheiligen Unfug derer nach täglicher Erfahrung, aus denen per Cæsarem & Imperium gesezten Schranken, ungescheut, ja! unter obrigkeitlicher Begünstigung selbsten, tretenden Reichsstädtischer Boten, nach Vorschrift derer Reichsgesezen, sich möglichst zu verwahren gesuchet, woraus wohl niemand, als der jenseitige Schriftsteller ein eingebildetes monopolium erzielen, und Facta, woran nicht gedacht worden, dem Publico vorstellen kann. Der Gegentheil findet in dem alleinigen Beyspiel seine Abfertigung, daß zu Cölln von dem Zeitpunkt an, deren abgeschafften dortigen Stadtboten, von allem dem, was Nürnberger Seits zu einer so angestümen, als unstatthaften, und fast zu einer Schmähschrift gediehenen Klagführung ausgesezet wird, bis jezo nicht das mindeste vorgekommen ist.

Man

Man wird sich ab Seiten deren Kaiserl. Reichsposten, wie bishero geschehen, jederzeit an das per Capitulationem Cæsaream nach der Billigkeit bestimmten Porto von reitend- und fahrenden Posten auf das genaueste zu halten unverfehlen, und sollte wider Vermuthen, jenseits dargegen eine Bedenklichkeit verwalten, so bittet man den Reichspostamtlichen Tarif gegen jenen deren Provincial-Posten und Boten zu halten, und man stehet Bürge dafür, daß der richtige Befund einer weit größeren Mäßigung dem diesseitigen das Wort sprechen werde.

Nach der jenseitigen, oft wiederholten Angabe, müßte die Wohlfarth des Commercii von der Aufrechthaltung des Botenwesens größten Theils abhangen, und eines mit dem anderen in einer fast unentbehrlichen Verbindung stehen, vorgeben, welches der alleinige Anbetracht, daß nach bewerkstelligter Abschaffung deren vorhin von Nürnberg und München nach Wien und Salzburg, von Augspurg nach Inspruck, Bozen, und Venedig gegangenen, so fort deren Cöllnischen Boten, das Commercium allenthalben zu einem noch größeren Flor gediehen seye, augenblicklich zu Schanden machen wird.

Ad §. 9num.

Eben so irrig wird jenseits das Oberpostämtlich-gedruckte Avertissement für eine eigenmächtige Einschränkung deren Nürnbergischen Stadtboten angegeben; dann außer dem, daß man das Publicum, um der wenigen Sicherheit willen, denen Boten keine verbotene Briefe mitzugeben, gütlich gewarnet hat, muß diese Bekanntmachung als ein Abfluß der weiter oben extractive angefügten Stelle der Kaiserl. Postordnung, vermög welcher das Post-Personale dahin vorgewachen gehalten ist, damit die Boten in denen durch die Kaiserl. Wahl-Capitulation, und Verordnungen vorgeschriebenen Schranken verbleiben, betrachtet werden,

den. Und da auch der, wie jenseits vorgegeben wird, selbst erwählte Begriff von verbotnen Briefschaften, die eröfnete Kaiserl. Wahl-Capitulation zur Richtschnur hat, so ist es, des vom Gegentheil zu Verblendung des nicht sattsam unterrichteten Publici gemachten Einwendens ungeachtet, eine ganz richtige Sache, daß man zu der an dem Leipziger Beyboten Johann Pemsel, und an dem nach Nürnberg zurückgekehrten Boten Widmann unternommenen Visitation, und zu der durch die Postbeamte in Beyseyn, mit Vorwißen und Genehmigung deren Orts-Obrigkeiten, folgsam behöriger Ordnung nach, beschehenen Abnahme verschiedener unerlaubten Briefe und Paqueter eben sowohl, als zu Erbrechung deren mit Einschlägen angefüllten Couverten, allerdings und zwar zu dem letzteren Vorgang um so mehr berechtiget war, als man eines Theils nach denen in Handen habenden untrüglichen Proben wohl gewußt hat, daß von denen Boten unter diesem Deckmantel, die ihnen nicht gebührenden Briefschaften durchzuschleppen gesuchet werde, anderen Theils aber dem Oberpostamt, die ab der im Jahr 1746. gegen die Boten von Frankfurt nach Cölln, und von dorten nach Amsterdam ergangenen Paritoria, erwachsene, und von vier Hochwürdigst- und Durchlauchtigsten Churfürsten des churfürstlichen Kreises, so wie von Herrn Grafen von Kirchberg, in Verfolg der Kaiserl. Requisition, kräftigst unterstützte Befugniß, in eodem objecto wirksam zu machen, unbenommen gewesen ist.

Diese in dem oberpostamtlichen Pro-Memoria vom 9ten Maii d. a. eröffnete, und, wie Gegentheils zu sagen beliebet wird, verderbliche Anstalten, gründen sich ferner auf die mehr belobte Postordnung, auf die Paritoria, und das letztere Conclusum de 1750, und sind folgsam hinlänglich gerechtfertiget.

Uebri-

Uebrigens stellet man keines Wegs in Abrede, in dem nur besagten Pro-Memoria zugleich auch die Abstellung deren Botenhäuser anverlanget zu haben: nicht minder wahr ist es aber, daß sothanem Ansinnen oft wiederholte Anzeigen von unaufhörlich - dem obrigkeitlichen Befehl selbsten zuwider, verübenden Excessen deren Boten, wie es das jenseits gegen sich selbst, sub Nro. VII. angeführte oberpostamtliche Avertissement, und die dabey befindliche Specification klar besagen, vorausgegangen sind.

## Ad §. 10.

Die Visitation des Regenspurger Boten wird nach der jenseits angenommenen Vergröserungsart, wodurch man einen unverfänglichen Vorfall in einen gewaltsamen Angriff zu verwandeln, und überhaupt aus einem mit ideal - und unerfindlichen Umständen begleiteten Nichtes, scheinbare, jedoch nur eingebildete Meerwunder zu erschaffen, kein Bedenken tragt, vorgestellet, und dadurch der einmal vorgesteckte Endzweck, gegen die Kaiserl. Reichsposten ein Mißtrauen zu erwecken, durch die unverdiente Vorwürfe erreichet werden, daß

1<sup>mo.</sup> Durch die Einschränkung des Regenspurger Boten, der Reichstags-Correspondenz-Verführung ein Nachtheil zugefüget, nicht weniger

2<sup>do.</sup> Durch die Postamtliche Erbrechungen deren Couverten der geheime Innhalt veroffenbaret, endlich und

3<sup>tio.</sup> Die Correspondenz an solche Orte, wo die Posten nicht hinlaufen, einer Verspätung ausgesetzet werde.

Ad 1<sup>mo.</sup> Will man diesseits in Ansehung des von dem gegentheiligen Schriftsteller mit einem ganz besondern Nachdruck relevirten, und nur in dessen erfindungsreichen Einbildung beruhenden Nachtheils, der Probe entgegen sehen.

Ad 2tum aber sich auf die mehr belobte, gegen die ehevorige Frankfurter, und Köllnische Boten, erlassene Paritoria, wodurch die Eröffnung deren Paqueten, als der alleinige Weg, den Betrug deren Boten aufzudecken, gutgeheißen wird, sich der Kürze halber bewerfen, dahingegen und

Ad 3tum dem jenseitig unerweislichen Vorgeben, daß die denen Boten abgenommene, und ihnen zu verführen untersagte Briefe, mittelst der Posten nicht bestellet werden können, feyerlich anmit widersprechen, wie dann kein Beyspiel jemal beygebracht werden mag, daß von all solchen Briefen ein einziger durch die Reichsposten erliegen geblieben, verlohren, oder aber verspätet worden sey.

Ein Hochlöbl. Magistratus glaubt irrig, durch die Erwähnung der zwischen denen Nürnberger- Augspurger- und Regensburger-Boten bestehenden Connexion, seine durchaus unrichtige Sätze bestärket zu haben; denn eben dadurch, daß mittelst sothaner Verbindung ein Bote dem andern verbotene Briefe zubringet, der Kaiserl. Wahl-Capitulation offenbar entgegen gehandlet wird, vermög welcher denenselben keine andre, als in loco de quo der Botenreise aufgegebene, und ad locum ad quem unmittelbar gehörige Briefe zu verführen erlaubt ist.

Man hätte folglich, und vor der jenseitig ausdrücklichen Aeußerung nicht vermuthen sollen, daß ein Hochlöbl. Rath der Reichsstadt Nürnberg, einen Capitulations- sohin Reichsgesetzwidrigen Unfug, in einer öffentlichen Druckschrift zu vertheidigen sich jemalen beygehen lassen würde.

Ad §. 11.

Ein Hochlöbl. Magistrat kommet bey vermuthlicher Ermanglung eines andern Stoffes, zu denen so oft aufgewärmten, und vorgeblich durch die Post- und Beywägen veranlasseten

Be-

Beschwerden abermal zurück. Dießseits will man auf dasjenige, was diesfalls bereits gesagt worden, sowohl, als auf die weiter oben erwähnte Bewegründe sich beziehen, in deren Verfolg, besonders da solche auf die Kaiserl. Post-Patenten sich gründen, man die Abstellung des Botenwesens anverlanget hat. So befugt man nun auf dessen Vollzug zu bringen gewesen ist, so sehr haben ein- und andere ex Gremio Magistratus nach dem Beyspiel des bekannten Vorgangs zu Cölln, mittelst eines gütlichen Vergleichs, solchen allerdings thunlich zu seyn erachtet.

Denen Magistratischer Seits ab dem Oberpostamtlichen Pro-Memoria vom 15. Maji d. a. mit Haaren herbey ziehenden ungereimten Folgen, hat man eine statthafte Widerlegung allschon entgegen gesetzet. So wenig man übrigens das jenseits wiederholte so nichtige, als verkleinigte Vorgeben, daß die Kaiserl. Reichsposten zu Erreichung ihres Endzwecks, eine willkührige Auslegung deren Kaiserl. Post-Patenten, und Wahl-Capitulationen sich anmaßen, einer Beantwortung würdig haltet, so deutlich wird sich weiter unten ergeben, daß ein Hochlöbl. Magistrat diesen Vorwurf mit besserem Recht sich zueignen könne.

Ein Hochlöbl. Magistrat füget zwar am Ende dieses §. bey, in seinem an das Oberpostamt erlassenen anderweiten Gegen-Pro-Memoria dd. 18. d. m. & a., sich zu einer billigen Beweisung derer Boten wiederholter erboten zu haben: da aber die nachhero erfolgte Visitationen ein klarer Beweis gewesen sind, daß die Boten in ihrem Eigensinn, undgesetzwidrigen Betragen, zu Verachtung des obrigkeitlichen Befehls, vor wie nach, fort zu fahren gedenken; so wäre es, da die Kaiserl. allerhöchster Authorität hierunter mit eingeflochten ist, nicht zu verwundern, wenn Ihro Majestät die völlige Abstellung des keine Besserung

mehr

mehr annehmenden Botenamts allergerechteſt zu verfügen geruhen thäten.

### Ad §. 12.

Der Vorgang mit dem Kaiſerl. Notario Recknagel, findet ſich durch die dem Magiſtratiſchen Impreſſo ſub Nro. XL. und ad Nrum. XL angefügte Beylagen ſattſam erläutert, und hat es folglich von dem Oberpoſtamte keineswegs abgehangen, daß deſſelben förmliche, und beſtgemeynte Zuſicherung, von dem einem Hochlöbl. Magiſtrat gewidmeten Egard, durch die Rückſendung eines unangehörten, und von dem Botenamte committirten Notarii, nicht abzugehen, den erwarteten Eindruck nicht gemacht; ſondern vielmehr die jenſeitige Abſicht, in dem oberpoſtamtlichen Benehmen Ausſtellungen, ſohin Anlaß zu Zwiſtigkeiten zu finden, ſich von ſelbſten entdecket habe.

Wie dann die von dem General-Intendenten Freyherrn von Lilien wiederholter gegebene Aeußerung dem Gegentheil nicht entfallen ſeyn kann, daß, ſobald der Beruf eine von dem Hochlöblichen Magiſtrat unmittelbar verfügte notariatiſche Beſchickung veroffenbaren thäte, man den Auftrag der Länge und Breite nach anzuhören um ſo wenigere Bedenken tragen würde, als die ein- und anderer Seits obwaltende Mißhälligkeit ein Kaiſerliches, folgſam der obriſtrichterlichen Entſcheidung überlaſſenes Regale zum Gegenſtand, und man ſofort in perſonal-debatten ſich einzulaſſen nicht nöthig hätte.

### Ad §. 13.

Hier werden ein- und andere, dem Hochlöbl. Magiſtrat von dem Oberpoſtamt überreichte Pro-Memoria, und zwey Avertiſſements allegiret, und anſtatt bewährter Gründen, mit gehäſſigen Benennungen beantwortet. Allem Anſehen nach, wird man auf die in dießſeitigen Schriften enthaltenen Wahrheiten

nichts

nichts anders zu sagen gewußt, und solche folglich durch eine gezwungene Uebergehung tacite approbiret, dahingegen

### Ad §. 14.

bis auf diesen Absatz seine ganze Stärke aufgesparet haben, dann hier wird a) der Vorgang des zu Roth visitirten Augspurger Beybotens Alexander Dommel, und daß b) demselben seine ganze Ladung, unerachtet er keine verbotene Sachen geführet, weggenommen worden, c) der Vorfall von dem Oberpostamt nach angewohnter Art gerechtfertiget, sohin d) auf dem einmal gefaßten unrichtigen Begriff von verbotenen Sachen beharret werden wollen, beygebracht; dahero e) ein hochlöblicher Magistrat in seinem Pro Memoria d. d. 20 Junii d. a. sich dargegen umständlicher heraus zu laßen, und besonders die Beschwerung wider die Post Expeditiones und die Postwägen näher in Anregung zu bringen, so fort f) die Verfaßung des altberechtigten Botenwesens kürzlich vorzuhalten, sich vermüßiget gesehen hätte.

Daß g) die in der Wahl-Capitulation angegebene Schranken anderst beurtheilet, und h) die postämtliche Erweiterungen, damit dadurch das vor die Botenverfassung streitende Recht desto mehr ertheile, dagegen gehalten werden müßen.

Weiters und i) wird vorgegeben, daß das Oberpostamt nicht allein eine einseitig- und willkührliche Ausdeutung der Wahl-Capitulation sich anmaße, sondern auch k) in die Kaiserl. Majestät, und gesammten deutschen Reich zustehende gesetzgebende Gewalt, und damit unzertrennlich verknüpftes Auslegungsrecht einzugreifen, solches auch l) durch selbstrichterliche Thathandlungen zu bewerkstelligen, und diesem m) auf die Kaiserl. Verordnungen, und Post-Patenten zu gründen, keinen Scheu trage, da gleichwohlen n) solche eines Theils das alte Nürnbergische

sche Botenwesen nicht angehen, anderen Theils aber und o) noch andere Kaiserl. Rescripten zu beurtheilen wären.

Worab dann der Schluß gemacht werden will, daß p) die postämtliche Vorschritte mißbilliget werden müssen, und q) dem diesseitig-vermeyntlichen Irrwahn von verbotenen Briefschaften durch das adjunctum sub Nro. XXIV. sattsam begegnet worden seye.

Ad a & b) Es muß das jenseitige Gebäude in der That übel beschaffen seyn, da man solches mit offenbaren Widersprüchen zu unterstützen suchet, dann wie man das Magistratische Vorgeben, der Bot habe nichts verbotenes geführet, da gleichwohlen die jenseits allegirte Specification 21 verbotene Stück vor Augen leget, anderst benennen solle und könne, solches will man jedem vernünftigen Menschen zu selbstiger Beurtheilung überlassen: wann dahero

Ad c) die diesseits angenommene, sich keinesweges widersprechende, und statthafte Art sich zu rechtfertigen, gegen die Magistratische Aeußerung gehalten wird, so lasset sich leicht bestimmen, welchem Theil der Ausspruch eines unbefangenen Publici das Wort sprechen müße.

Ad d) wann man sich Reichspostämtlicher Seits an den Buchstaben und klaren Text der Wahl-Capitulation, und die Bestättigung haltet, welche in so vielen Kaiserl. Verordnungen, und besonders denen gegen den Cöllnischen, dann 1748. gegen den von Nürnberg nach Leipzig gehenden Boten, erlaßenden Paritoriis ausgedrucket, und deutlich bestimmet wird, daß jene de loco de quo ad quem ausgenommen, all andere Briefe und Paqueter als verboten angesehen werden sollen, so wird der gemachte Vorwurf, daß diesseits auf dem selbst gewählten Begriff von verbotenen Sachen beharret werden wolle, den gehofften Eindruck nicht machen, daraus aber

zu-

zugleich die jenseits herrschende Leidenschaft, eigene Gebrechen anderen aufzubürden, desto mehr in die Augen leuchten.

Ad e) die Magistratische Anregung derer wider die Post-Expeditiones, und die Postwägen, nur überhaupt, und ohne en detail zu gehen, vorbringender, und unerwiesener Beschwerden kann man mit dem errare humanum, und der Möglichkeit, wegen der allzuhäufig auf denen Postämtern, und Expeditionen vorfallenden Arbeit, von Zeit zu Zeit fehlen zu können abfertigen, und so wenig man begangene Fehler zu entschuldigen suchet, so willfährig haben die Kaiserl. Reichsposten, auf behöriges Anmelden, denenselben ohne Zeitverlust abzuhelfen, sich bewiesen, und werden ein gleiches in Zukunft zu bewerkstelligen unverfehlen, wie man dann auf das Zeugniß ein und anderer deren vornehmsten Kaufleuten zu Nürnberg sich berufen kann, denen um mit ihren allenfallsigen Klagen gehörigen Orts einzukommen, an Handen gegeben, von denenselben aber ihre Zufriedenheit über das ordentlich- und moderirte Benehmen deren Postbeamten geäußert worden ist.

Ein Hochlöbl. Magistrat hätte allenfalls, und wenn die angebliche Beschwerden ihr wirkliches Daseyn haben, durch die bey Gelegenheit des obberührten Tarifs, wiederholter gebetene, aber nicht erfolgte Benennung einiger Deputirten, anstatt jetzo einen nichts bedeutenden Lermen zu machen, die dargegen diensame Mittel, durch gemeinsame Berathschlagung, an Handen geben können.

Und dermalen noch, wann ein Hochlöbl. Magistrat seine vorgebliche Gravamina specifice zu überreichen beliebet, kann derselbe einer diesseitigen Willfährigkeit, eine ungesäumte Remedur zu verschaffen, sich vollkommen und weiters dahin versicheret halten, daß

Ad f) man das alte Botenwesen, sofern solches die ihme von Kaiserl. Majestät und dem Reich gesetzte Schranken nicht überschreitet, bereit zugesicherter massen, in seinem Exercitio zu stöhren nicht gedenket, noch jemalen zu beeinträchtigen gedenken werde.

Ad g) Eben dadurch, daß man jenseits die in der Wahl-Capitulation angegebene Schranken anderst beurtheilet wissen will, giebt ein Hochlöbl. Magistrat zu erkennen, daß derselbe eine strafbare, auf das Oberpostamt schieben wollende Verdrehung dieses an sich klaren, und von dem Kayserl. Reichspost-Generalat- buchstäblich befolgenden Reichsgesetzes, sich selbsten zu Schulden kommen lasse.

Ad h) ohne zu untersuchen, was die jenseitige Meynung, die Vorschritte, welche der Magistratische Concipist in Erweiterungen ganz irrig verwandelet, des in denen Reichsgesetzen für unbeschränkt erkannten Post-Regalis gegen die Botenverfassung zu halten, veranlasset haben möge, kann man zuverläßig vorhinein versichern, daß der Gegentheil einen vielleicht vorhabenden Zuwachs, oder widerrechtliche Ausdehnung seiner a Cæsare & Imperio in gehörige Schrancken verwiesenen, und auf eine übertriebene Art verfechtenden Botenbefugnißen, niemalen erzielen, noch

Ad i) die gemachte Anschuldigung einer dem Oberpostamt vorwerfenden einseitigen Auslegung der Wahl-Capitulation, am wenigsten aber

Ad k) zu erproben in Stand seyn werde, daß dem Oberpostamt den jenseits getraumten Eingriff in die Kaiserl. Majestät, und gesammten deutschen Reich zustehende gesetzgebende Gewalt, und darmit verknüpftes Auslegungsrecht zu wagen, eingefallen seye. So wenig dieser lächerliche, und einer Ausschweifung nahe

Aus-

Ausdruck, so ehender aus einer rabulistischen Feder, als von einem so scharfsichtig- Reichsstädtischen Oraculo hätte abfließen sollen, auf die Oberpostamtliche, nach einer vorhergängig gesetzmäßigen Prüfung, unternommene Vorkehrungen passet, so sehr muß darob die jenseitig- bedenkliche Absicht, sein vielgeliebtes, und gar wohl entbehrliches Botenwesen in einen von aller Einschränkung freyen, und lediglich von der Magistratisch- gesetzgebenden Disposition abhängigen Stand, sohin ein privates Exercitium einem Kaiserl. allerhöchsten Reservato eigenmächtig gleich zu setzen, der ganzen unpartheyischen Welt in die Augen leuchten: dahero

Ad l & m.) man billig hoffen darf, daß ein unbefangenes Publicum die für selbstrichterliche Thathandlungen jenseits angegebene, gleichwohlen nach Vorschrift der Postordnung und mit obrigkeitlicher Assistenz beschehene Visitationen, und überhaupt das Postamtliche, nach denen Kaiserl. Patenten, und Verordnungen abgemessene Betragen unter einer weit andern Gestalt, als der Gegentheil selbigen zu geben sich umsonst bemühet, betrachten, sofort

Ad n.) die nichtige Ausflucht von selbst bemerken werde, daß die von dem Oberpostamt allegirte allerhöchste Kaiserliche Verordnungen und Patenten, wodurch dasselbe gegen die Boten vorzugehen sich berechtiget haltet, theils das Nürnbergische alte Botenwesen nicht angehen, theils nach andere Kaiserl. Rescripten zu beurtheilen seyn.

Der von Nürnberg nach Leipzig gehende Bot machet unstrittig einen Theil des dortig- alten Botenwesens aus: da also die Anno 1748. ergangene, und von einem Hochlöbl. Magistrat zur schuldigsten Befolgung aller devotest angenommene Paritoria gegen denselben gerichtet, die Wahl-Capitulation

tion auch von denen Städtischen Boten indistincte spricht, so wird die jenseitig-vermeyntliche Ausnahme, auch in der zu einem Behelf gewählten Stelle jener Patenten, wo nur die Neben-Winkel- und Metzgerboten vorkommen, um so weniger statt finden, als nach der natürlichen Folge, die in Capit. Cæf. denen Städtischen Boten bestimmte Schranken, sich auf die nur bemerkte Neben- und Winkelboten, sohin die in denen Patenten für die eine ausgesetzte Strafen, sich ebenmäßig auf die andere erstrecken, welch richtiger Schluß durch die verschiedene wider die Cöllnisch- und Nürnbergische Boten erlassene Paritorien bestättiget wird. Uebrigens und

Ad o.) wird man sich nach denen, das alte Botenwesen zum Gegenstand habenden Kaiserl. Rescripten, jederzeit Reichspostamtlicher Seits aller submissest zu fügen wissen, und nur denen unerlaubten desselben Excessen, durch Ergreifung deren vorgeschriebenen Mittel, Einhalt zu thun suchen.

Ad p.) meynet man durch ein nichtsbedeutendes Wortgepräng die Gemüther zu einer Theilnehmung einzuschläfern; allein die demselben antwortlich entgegen gestellte trifftige Gründe lassen für die Reichsposten einen günstigern Eindruck, und billige Aufnahme voraussehen. Und da

Ad q.) dem jenseitig-unbilligen Vorwurf eines dem Oberpostamt aufgebürdeten Selbstbegriffs von verbotenen Briefschaften sattsam begegnet, und erwiesen worden, daß man diesseits in sothaner Bestimmung die Wahl-Capitulation zu einer untrüglichen Richtschnur nehme, so will man hierbey sich nicht weiter aufhalten, sondern auf die so oft schon vorgekommene Widerlegung ein für allemal berufen, sonstn aber bitten, damit der gar zu häufigen Wiederhohlungen, und des damit verknüpften Eckels wegen, das Publicum dem jenseitigen, auf solch unangenehme

genehme Art seine Schrift zu vergrößern gewohnten Verfasser, die Schuld alleinig beyzumessen belieben möge.

### Ad §. 15.

Sätze von der Art, wie die Magistratische, nemlich ohne Grund und Wahrscheinlichkeit sind, können wohl denenjenigen, welchen die Verfassung des Post- und Botenwesens unbekannt ist, allenfalls Sand in die Augen werfen, vernünftige hingegen nicht blenden, sondern vielmehr zu einem klaren Beweis dienen, daß die jenseitige, auf ausgesuchte, jedoch leere Worte sich stützende Causa auf schwachen Füssen stehen müsse.

Das schier auf allen Blättern ganz affectirt in Anregung gebrachte Reichspostamtlich unterstündliche Aggrandissement, wird als ein Schreckbild, und naher Anlaß, gleichgearteter, für andere Reichsständische Gerechtsame ebenmäßig besorglicher Folgen, ohne zu erwegen vorgestellet, daß man diesseits sich der, durch allerhöchst-Kaiserliche Verordnungen, und Wahl-Capitulationen erlangten Befugniß, das ungescheut, und nach eigener Willkühr handlende Botenwesen, in seine ursprüngliche, und gesetzmäßig verordnete Einschränkung, durch die vorgeschriebene Zwangsmittel zurückzuleiten, bedienet, sohin nur seine von denen Boten usurpirte Gerechtsame gegen allfernere Eingriffe zu verwahren, folglich weder diese Reichsstädtische, noch andere Jura zu kränken gesuchet habe.

Diese durch die beharrliche Renitenz deren Boten abgenöthigte Rettung ist es, welche zu einem Gegenstand so vieler, jedoch unnöthiger Bedenklichkeiten gemacht, und andurch deutlich zu erkennen gegeben wird, daß letzlich noch, aus einer für die Boten nährenden Vorliebe, die von dem Kaiserl. Reichspost-Generalat, mit außerordentlich schweren Kösten, zum unlaugbar besondern Vortheil der Reichs- und auswärtigen

Nächsten Correspondenz, hin und wieder bis jetzo getroffene Verfügungen, als Eingriffe in das Stadt-Nürnbergische Botenwesen, und überhaupt als Erweiterungen, von dem Gegentheil betrachtet werden dörften.

In denen zusammen gezogenen jenseitigen vermeyntlich-trifftigen Gründen, und besonders

Ad 1<sup>mo</sup> glaubet ein Hochlöbl. Magistrat dadurch viel gedeihliches zu finden, daß die oftbelobte allerhöchst-Kaiserl. Postpatenten und Rescripten die Einführung des Postwesens dem alten Botenwesen als unnachtheilig erkläret haben. Allein so wenig man Reichspostamtlicher Seits den Innhalt sothaner allerhöchsten Verordnungen mißtrauet, noch einige denenselben zuwider laufende, und dem alten Botenwesen præjudicirliche Vorschritte machet, so wenig wird Gegentheil, wenn er anderst billig seyn will, ob sothaner Anerkannung verlangen können, daß die Reichsposten sich deren für sie das Wort sprechenden Kaiserl. Verordnungen, und Wahl-Capitulationen nicht prævaliren, sohin in derren Verfolg, die von dem Botenwesen verübende Excessen abstellen, noch weniger aber gleichgültig ansehen sollen, daß die von dem Oberpostamt allegirte Verordnungen und Wahl-Capitulationen jenseits entkräftet, und darob denen von einem Hochlöbl. Magistrat angeführten Rescripten und Patenten ein vis intrinseca major beygeleget, sofort nach der Magistratischer Sprache, der durch die erstere verbotene Unfug, von denen andern autorisiret werden wolle.

Ad 2<sup>do</sup> Da man sich auf den von Hochlöbl. Magistrat machenden Unterscheid zwischen denen Neben- und Winkelboten, Metzger- und Landposten, dann dem Nürnbergischen alten Botenwesen, und daß die denen erstern bestimmte Patenten- und Capitulations-mäßige Schranken sowohl, als Strafen, auf

das

37

das letztere sich ebenmäßig erstrecken müßen, bereits oben des weiteren geäußeret hat, so will man darauf sich beziehen, und die wiederholte Versicherung anfügen, daß der jenseits machende Schluß, als ob man der Reichsstadt Nürnberg wohl begründete Gerechtsame zu intervertiren gedenke, unerheblich und nichtig seye. Wie man dann

Ad 3tum der Kaiserl. allerhöchsten Meynung, die Reichs-städte, und Reichsstände, bey ihren habenden Privilegien, Regalien, und Befugnißen, worunter Ein Hochlöbl. Magistrat sein altes Botenwesen zählet, nach Reichsväterlicher Allerhöchsten Clemenz zu schützen, sich mit der allerschuldigsten Verehrung unterwirft, dabey jedoch unberührt nicht laßen kann, daß Kaiserl. Majestät hierunter die allerhöchste Absicht, die von denen auch alt berechtigten Boten, unter Begünstigung eines limitirten Privilegii, zu Schulden kommende Ueberschreitungen zu übersehen, gewiß nicht gehabt haben, so daß die Kaiserlichen Reichsposten, wann solche zu Abstellung derley gesetzwidriger Excessen, die behörige Mittel vorkehren, anstatt strafbar zu seyn, vielmehr die allerhöchste Willensmeynung erreichen.

Ad 4tum Magistratischer Seits ist es unnöthig zu erwähnen, daß die Kaiserl. Wahl-Capitulation Art. XXIX. §. 3. eine Abschaffung deren Reichsstädtischen Boten nicht, wohl hingegen die Einschränkung derselben zu erkennen gebe; dann eben diese Schranken sind es, welche den Gegenstand der hinc inde obwaltenden Zwistigkeiten ausmachen, und wann die Boten in dieser ihnen bestimmten Einschränkung verbleiben, so hat der Handel seine Endschaft erreichet.

Ad 5tum denen Magistratischen einseitig- und arbitrarischen Auslegungen sind hier abermalen verschiedene, unparticularisirte, folglam für unstatthaft zu achtende Beschwerden beygesellet: man muß die oben schon gegebene Versicherung anmit wiederholen, daß, sobald ein Hochlöbl. Magistrat seine vermeyntliche Gravamina specificè zu übergeben beliebet, man Oberpostamtlicher Seits solche ungesäumt abzuthun nicht entstehen werde, dahingegen und bis dahin man sich erbieten will, das Publicum sowohl, als die Reichsposten von dem Ekel, welchen die ohne Ende erscheinende, und unterwiesene Beschwerden verursachen müssen, zu verschonen.

Wie wenig übrigens die jenseitig-dreiste Versicherung, denen Reichspostamtlichen, angeblich-einseitigen extensivischen Auslegungen, die in des Verfassers irrigen Begriffen gebildete vermeyntlich-ächte entgegen gestellet zu haben, mit dem Artikel der Wahl-Capitulation sich vereinbaren lasse, solches wird sich aus dem gleich folgenden Text deutlich ergeben:

,, dagegen soll denen gemeinen Land- und Reichsstädtischen Bo-
,, ten unterwegs und zwischen denen Orten, wo aus und hin
,, ein Bot seine Commission hat, die Mitbringung und Sam-
,, lung deren Briefen, Wechselung deren Pferden, und Auf-
,, nehmung derer Personen, und Paqueter nicht zugelaßen,
,, sondern die Reichsstädte und deren gehende, reitende und fah-
,, rende Boten hierunter, denen bereits in Annis 1616. 1620.
,, und 1636. ergangenen Kaiserl. Decreten, Patenten, und
,, Rescripten sich gemäß bezeigen, und solchergestalt dieses Bo-
,, tenwesen sowohl der Churmaynzischen Reichs-Post-Protection,
,, als den General-Reichs-Erb-Post-Meistern und sonsten männ-
,, iglichen ohne Nachtheil seyn.

Die Kaiserl. Reichsposten haben an diesen klaren Buchstaben sich jederzeit unabweichlich, und strikte gehalten, dahingegen ein Hochlöbl. Magistrat so scrupulos nicht gewesen, sondern, um von der ab diesem Reichsgesetze erwachsenden Verbindbindlichkeit sich los zu zählen, bey der nur Ihn angehenden verschiedenen Deutung, zu einer authentischen Interpretation seine Zuflucht nimmt: allein da diese vergebens suchende legale Auslegung in denen verschiedenen, und namentlich der A. 1748. ergangenen, jenseits aber, der feyerlichen Submission entgegen, unbefolgten Paritoriis klar vor Augen lieget; so kann diese Ausflucht so wenig, als die Capitulationsmäßige Analogie auf die Erhaltung der Reichsstände- alten Freyheiten und Regalien, den Unfug deren Nürnbergischen Boten zu statten kommen. Wobey sich

Ad a.) billig zu verwundern, daß Ein Hochlöbl. Magistrat die der Wahl-Capitulation einverleibte, und die Einschränkung deren Boten zum Gegenstand habende Stelle, so gutwillig angenommen habe; allein was Auswege, um diese Einschränkung, und deren Wirkung zu vereitelen, werden zu gleicher Zeit nicht hervorgesuchet? wie dann

Ad b. c. d. & e.) ob dem in der Capitulation vorkommenden Ausdruck, daß:
„ unterwegs und zwischen dem Ort, wo aus und hin der Bot
„ seine Commission hat, die Mitbringung und Sammlung der
„ Briefe, Aufnehmung der Personen und Paquete, nicht zu-
„ gelaßen werden. x.
nach der jenseits angewöhnten willkührlichen Deutung, gefolgeret werden will, daß die Briefschaften, so weiter als von dem Ort des Botenritts herkommen, und weiter als derselbe gehen, als verboten nicht angesehen werden müssen.

Wie wenig aber Hochlöbl. Magistrat damit auskommen könne, wird derselbe ab denen ungezweifelt noch rückerinnerlichen Visitationen deren ehemals von Frankfurt nach Cölln, & vice versa, gegangener Boten von selbst zu erkennen belieben;

dann da hieben die bey denenselben vorgefundene, nach Holland gehaltene, und auch diejenige Briefe, welche weiter als de Termino a quo hergewesen, mit Obristrichterlich-allerhöchster Genehmigung confiscuiret worden sind; NB muß nothwendiger Weise nach dem Text der Wahl-Capitulation, denen Boten keine anderen Briefe, als de loco de quo ad quem anzunehmen erlaubt seyn: und wird dahero der Gegentheil niemand bereden, daß, zum Nachtheil des Kaiserl. Reichspost-Protectorats, und Post-Generalats, für dergleichen, denen Nürnbergischen Boten zuschiebende Briefe, eine dem Text der Capitulation zuwider streitende Ausnahme, und besonderes Privilegium vorhanden sey.

Man will zwar jenseits das in der Capitulation bemerkte Stillschweigen von weiter kommend- und gehenden Briefen, zum Vortheil deren Boten gelten machen, zugleich aber auch einer vorwaltenden geringen Bedenklichkeit Platz geben, und selbigen nur eine gewisse Gattung derley Briefen einräumen, sofort diejenige als verboten erklären, wann ein Bot über den Ort seiner Abreise, an entlegenen Orten Briefschaften aufnehmen, und dort selbst Leute zum sammlen gebrauchen würde:

Das erstere, daß nemlich ein Bot über sein Ziel zu gehen sich beyfallen laße, ist nicht wohl zu vermuthen, das andere hingegen desto zuverläßiger, daß seine Mitbrüder, als Briefsammler deren Nürnberger betrachtet werden müßen, wie solches dann das Beyspiel des von Lindau nach Meyland und zuruck, sofort eines anderen von Lindau nach Augspurg gehenden Boten, sattsam bestättiget, welche die nach Nürnberg, in die Chur- und Fürstlich-Sächsische, Preußische, Braunschweig- und Hannöverische Lande, nach Hamburg und Norden lautende, auch unterwegs in Bayern, und sonsten colligirte Briefschaften dem Aug-
spur-

burger, dieſer hingegen ſolche dem Nürnbergiſchen Botenamt zubringet.

Wann dahero ein von Nürnberg nach Leipzig oder Hamburg gehender Bot mit einem ihm von Augſpurg zugeſtellten, und
weiter als Nürnberg haltenden Briefe ſich betreten läßt, ſo
wird er, der jenſeitig-eignen Geſtändniß zufolg, deßhalben
ſowohl, als weilen ihm, vermög der Wahl-Capitulation, keine andere, als in loco de quo colligirte, und ad terminum
ad quem unmittelbar gehörige Briefe aufzunehmen erlaubt iſt,
für ſtrafbar geachtet, ſo daß auch die Magiſtratiſcher Seits,
zum Beſten ſeiner Boten, genommene modification das Kennzeichen ihrer Beurtheilung mit ſich führet.

Was die Briefe belanget, welche weiter, als der Boten-
ritt, gehen, ſolches hat man durch vorſtehendes ſattſam erläutert, worauf man ſich alſo anmit bezogen haben will.

Wann übrigens ein Hochlöbl. Magiſtrat behaupten will,
daß ein Bot ſich nicht verfehlet, wann ihm an dem Ort ſeiner
Abreiſe Briefe an den Ort ſeiner Beſtimmung aufgegeben werden, wann ſie auch præciſe nicht an dem Ort ſelbſt geſchrieben
ſind, oder wann ſie von ganz nahen Orten, oder an welchen
keine Reichspoſten ſich befinden, herrühren ſollten, ſo kann
man dieſſeits ſothane Ausnahme wohl zugeben, wie dann die
Reichspoſten ohnehin viel zu beſchreiben ſind, als daß ſolche
nicht einen Unterſcheid zwiſchen gefliſſentlichen, und dem Protectorat ſowohl, als Generalat deren Kaiſerl. Reichspoſten
nachtheiligen Exceſſen, und dem, was zufälliger Weiſe, und
ohne Conſequenz geſchiehet, machen ſollten.

Mit denen Einſchlägen aber hat es eine ganz andere Be-
ſchaffenheit, und ſind die Reichspoſten, vermög der gegen die
ehemalige Stadt-Cöllniſche Boten ergangenen Paritoriæ, ſel-

bigen so oft, als ein solche enthaltendes Paquet, des darunter
versteckten Betrugs halber verdächtig vorkommet, sich zu wider-
setzen um so mehr berechtiget, als die nur belobte Paritoria deutlich besaget, daß ohne Eröffnung derley Paqueten, welche die
Correspondenten für Waarenmuster angeben, da sie doch eine
Menge auf fein Papier geschriebener Briefe enthalten, und dadurch die Posten über ein Drittel des ihnen gebührenden Porto
zu verkürzen suchen, weder dem Unterschleif auf den Grund gesehen, noch vorgebogen werden könne. Auch die auswärtige
Postämter sehen diese Widersetzung für billig und gegründet
an, wie dann zum Beyspiel, das Oberpostamt zu Leipzig
den Betrug dergleichen aus Sachsen gekommener Paqueten er-
kennet, und die Bestrafung sothaner Mißbräuche gebilliget
hat. Die vielfältig während vorgewesenen Nürnbergischen Boten-Visitationen eröffnete, an das Botenamt addressirte, und
mit verbotenen Einschlägen angefüllt befundene Paqueten geben den Beweis, daß man ohne Ursache und Befugniß, zu diesem Vorgang Reichspostamtlicher Seits nicht geschritten sey.

Wie dann überhaupt bey Visitationen, ein verdächtig-
scheinendes Paquet in Beyseyn, und mit Genehmigung der
Ortsobrigkeit eröffnet, solches auch, falls der Verdacht ungegründet ist, mit solcher Sorgfalt anwieder zugemacht wird,
daß dem Correspondenten nicht der mindeste Nachtheil andurch
zugehen könne.

Der jenseits auf die erstere Auslegung geäußerten Nach-
giebigkeit ungeachtet, wollen nunmehro, in Verfolg des Ao.
1615. mit und von dem Kaiserl. Reichspostmeister Lößfeld
abgehaltenen Protocolli, und deren Kaiserl., von weiter gehenden Briefen redenden Post-Patenten, lediglich die nach Italien, Frankreich, Hispanien, Engelland, Holland, und an-
de-

dere Provinzien, gehörige Briefe, als alleinig verboten angesehen werden: da aber dasjenige, was die belobte Patenten, wegen der auswärtigen Correspondenz, festsetzen, deme, so die Wahl-Capitulation, und Allerhöchst-Kaiserliche Verordnungen, in Rucksicht der innerlichen Reichs-Correspondenz bestimmen, nichts derogiren kann, so wird der ab sothaner Allegirung bezielende Erfolg mit dem Magistratischen Versuche schwerlich übereinstimmen; maßen dann auch, und falls nur die in dem Lößfeldischen Protocollo, und Kaiserl. Patenten vorkommende, über des Boten Bestimmung gehende auswärtige Briefe für verboten, die innländische hingegen, obwohlen weiter herkommende und gehende Briefe, dem klaren Buchstaben deren Kaiserl. Wahl-Capitulationen und Verordnungen zuwider, für erlaubt gehalten, sohin nach der von hochlöbl. Magistrat seinen Boten einraumenden Erweiterung, von denenselben die zu Mayland, in der Schweitz, Bayern, und Schwaben, zu Lindau, und allen zwischen Donauwörth und Nürnberg gelegenen Orten, gesammelte Briefe, in Leipzig zu ihrem Vortheil distribuiret werden wollten, die Churfürstl. Sächsische, und Königl. Preußische Posten diesen Magistratischer Seits aufstellenden Satz um so weniger mit Gelaßenheit übersehen könnten, als denen ein- und anderen ein leeres Nachsehen verbleiben, dem Königl. Preußischen Publico aber besonders noch, wegen dem in Sachsen auf dergleichen Briefe schlagenden Auslag-Porto, der für diese höchste Reichsstände gefährlich-Magistratischen Ausdehnung zu Lieb, ein so nachtheiliger als kostspieliger Zwang angeleget werden würde.

Ad f.) Jenseits will dreist behauptet werden, daß das Reiten, Fahren, und Gehen der Boten nicht widersprochen werden könne.

Ursprünglich hat der Augspurger Bot seine Reise nach Nürnberg zu Pferd gemacht, nachhero aber dahin zu fahren angefangen. Als nun die Reichsposten dargegen sich widersetzet, ist dieser von dem Hochlöbl. Magistrat zu Augspurg selbst anerkannte Unfug abgestellet, jedannoch von dem Nachfolger dieses ins Verderben gerathenen Botens wieder in Gang gebracht worden, worzu Magistratischer Seits, dessen erstrten Verbots ungeachtet, nunmehro durch die Finger gesehen, ja! gar die Hand geboten wird.

Die Nürnberger Boten sind vorhin mit ihrem grossen Fuhrwerk bis Hamburg gegangen; allein eine geraume Zeit her, haben die auf dieser Route situirte hohe Reichsstände sothane Passage nicht mehr zugelassen, sondern die Boten dahin eingeschränket, daß selbige, durch ihre Reichs-Constitutions-widrige Verbindung dem Coburgischen Provincial Postamt, zum Nachtheil deren auch dahin gehenden Kaiserl. Postwägen, ihre aufhabende Ladung übergeben.

Auch der nach Leipzig gehende Bot, wenn er seinen Ritt in ein Fuhrwerk ändern wollte, würde ab Seiten des dortigChur-Sächsischen Oberpostamts, einer geruhigen Nachsicht, keineswegs sich getrösten können.

Es zerfället folgsam die jenseitige Versicherung von selbsten, daß der in der Wahl-Capitulation bemerkte Ausdruck von Reiten, Fahren, und Gehen, wodurch ohnehin nur die verschiedene Gattungen deren existirenden Boten benennet werden, eine unumschränkte, und keinem Widerspruch ausgesetzte Gewalt, den Ritt in ein Fuhrwerk, und Fußboten in Reitende, eigenes Gefallens, zu verwandeln, in sich fasse. Da übrigens

Ad g.) Die Reichsposten von denen, in Rucksicht der Pferdwechslung Ziel und Maß gebenden, benanntlich in dem

Con-

45

Concluſo Clem. de 1738. ausgedruckten Kaiſerl. Verordnungen ſo wenig, als der Menſchenliebe ſich jemalen entfernet haben, noch davon abweichen werden; ſo kann ein Hochlöbl. Magiſtrat ſeiner auf die Zukunft gerichteten, und weitläufig an Tage gelegten Vermuthung wegen, ſich beruhiget, und vollkommen verſichert halten, daß man Reichspoſtamtlicher Seits, in einem ſich ereignen könnenden Nothfall, nach der Regel: quod tibi non nocet, alteri autem prodeſt &c. ſich wirkſam benehmen werde. Dagegen aber allerdings befremdlich vorkommen muß, daß ein Hochlöbl. Magiſtrat auf das belobte Concluſum ſich beziehen möge, da derſelbe doch der oftbeſagten Paritoriæ, und ſeiner Verbindlichkeit, dem Leipziger Boten das Pferdwechſeln nicht zu geſtatten, entgegen, ohne Bedenken zugiebt, daß eben dieſer Bot zwiſchen Nürnberg und Leipzig dreymal Pferd wechſelet.

Eben dadurch, und daß Hochlöbl. Magiſtrat ab der undeutlich vorſtellenden Wahl-Capitulation, einen eigenen und extenſiviſchen Begriff von verbotenen und erlaubten Briefen macht, läßt ſich handgreiflich entnehmen, daß man jenſeits willkührlich das eine anzunehmen, das andere aber zu verwerfen pflege.

Allenfalls, und wenn ja ſuppoſito, non conceſſo, der Text der Wahl-Capitulation eine Auslegung vonnöthen hätte, wird der gegneriſche Verfaſſer in Abrede nicht ſtellen können, daß die von verbotenen Briefſchaften deutlich und beſtimmend redende Paritoriæ eben ſo viel Stärke, und Rechtskraft, als das von Hochlöbl. Magiſtrat in ſeinem vollen Werth angenommene, und nur in gewiſſen Fällen die Pferdwechſlung erlaubende Concluſum, in ſich faſſen, ſohin der jenſeitig partheylichen Ausdeutung füglich & utiliter entgegen geſtellet werden können.

M                                    Ad

Ad 6⸺ Ohne sich mit der Erörterung: was verbotene, oder erlaubte Brieffschaften seyn? neuerdings aufzuhalten, erhellet ex præmissis schon deutlich und zu Genüge, daß, so sehr und stricte man Reichspostamtlicher Seits, sich an den ohnehin klaren, und keiner Auslegung bedürfenden Buchstaben der Wahl-Capitulation, und Kaiserl. Verordnungen haltet, so wenig des jenseitigen Bemühens ungeachtet, eine deßen Absichten gemäße Extension für seine Boten zu erzwingen, die Magistratische Deutung der Wahl-Capitulation die ächte seyn könne.

Wobey man sich billig verwundern muß, wie eine geringe Anzahl Reichsstädtisch-mäsiger, und meistentheils von ihrem gesetzwidrigen Unfug lebender Bürger, als eine unentbehrliche und mächtige Stütze, worauf das Commercium ruhet, ganz ungescheut, und gegen der Kaufleuten, ja ganz Europä Zeugniß sowohl, als die untrügliche Erfahrung, daß die Handlung einen merklichen Theil seiner Aufnahme denen Reichsposten, keinesswegs aber den Boten zu verdanken habe, herausgestrichen, die Postwagen auch, diese dem gemeinen Wesen so ersprießliche, und des auf sie setzenden vorzüglichen Vertrauens würdige, folgsam gegen die jenseitige unbillige Vorwürfe gesicherte Einrichtungen abermal, und wider Vermuthen in die Censur genommen werden mögen. Uebrigens und da

Ad 7⸺ man jenseits einer anderen Reichs-Entschließung so sehnlich entgegen siehet; so bittet man einen Hochlöbl. Magistrat solche ruhig abzuwarten, immittelst aber, und bis solche erfolget, dasjenige, was das jetzo vorhandene Gesetz, die allerhöchst-Kaiserl. Verordnungen, und res Judicatæ, wegen deutlich bestimmter Einschränkung derren Boten vorschreiben, zu befolgen, von denen Reichsposten aber nicht zu verlangen, daß selbige sich einer vor Ihro Kaiserl. Majestät und dem Reiche strafbaren Nachsicht schuldig machen, und

Ad 8<sup>mo</sup> ihrer Schuldigkeit zuwider, zugeben sollen, daß die Boten ihre Excessen gleichsam verweigen, dagegen und so lang selbige in ihren behörigen Schranken verbleiben, man solche in ihrem Exercitio zu stöhren nicht gedenket, obgleich ein Hochlöbl. Magistrat es für einen Umsturz ansiehet, wann seinem Boten Hindernisse, ihren Unfug fortzusetzen, in den Weg geleget werden. Weiters

Ad 9<sup>no</sup> stellet Hochlöbl. Magistratus sein Botenwesen, und das Commercium in einer so genauen Verbindung vor, daß der Verfall des ersteren, den Ruin des andern, somithin auch die davon abhangende Untüchtigkeit zu gemeinen Reichs- und Kreisdiensten nach sich ziehen müsse.

So wenig nun eines Theils, nach der jenseitigen alles vergrößerenden Schreibart, die Abschaffung vier respective von Nürnberg nach Regensburg, Augsburg, Hamburg, und Leipzig gehender Boten, weder den Verfall des Commercii, noch auch die Unvermögenheit, den Matricular-Anschlag abführen zu können, befürchten lassen kann: so richtig und wahr ist es anderen Theils, daß die von denen Reichsposten seiter 1740. dem Commercio verschaffte vielfältige Gemächlichkeiten, diese Reichsstädtische Tüchtigkeit zu Reichs- und Kreis-Abgaben a Proportion und merklich vermehrt haben müssen: dann anstatt daß die benannte Boten wochentlich nur einmal nach denen vorbemerkten vier Städten gehen, ist zwischen Nürnberg und Regenspurg eine Journaliere, oder tägliche, bis nach Wien, und andere Kaiserl. Königl. Erblanden sich erstreckende Post, und eine wochentlich-zweymalige Postwagenfahrt: zwischen Nürnberg und Augspurg eine nach Bayern, Schwaben, in die Schweitz,

N 2  Elsas,

Elsas, und Frankreich sich extendirende Journaliere, sammt einem Post= auch nöthigen Falls, Beywagen: zwischen Nürnberg und Hamburg vier, durch die Herzoglich=Sächsische, und Braunschweigische Landen instradirte Ordinarien, und eben so viel zwischen Nürnberg und Leipzig, sammt zwey Postwägen: sofort eine Journaliere von Nürnberg über Würzburg, Frankfurt, Cölln, Lüttig, Mastrich nach ganz Niederland, sammt vielen andern, des Raums wegen, hier nicht anzuführenden ersprießlichen Einrichtungen, angeleget.

Wann nun nach Maßgab des hierab dem Nürnbergischen Commercio unlaugbar zufliessenden beträchtlichen Vortheils, das dortige Ærarium, anstatt der vorschützenden Verminderung ergiebiger gemacht, sohin ein Hochlöbl. Magistrat um so mehr, præstanda præstirren zu können, in Stand gesetzet wird; so getrauet man sich des gesammten Reichs= und Kreises erleuchter Beurtheilung anheim zu stellen, wie unstatthaft die Magistratischer Seits aus einem ganz unrichtigen Grund folgerende Untüchtigkeit, und wie gleichgültig daher der Handlung die Existenz, oder Abschaffung deren Boten seyn müsse, wie solches das Beyspiel deren anderwärts vorhin gewesenen, und eingestellten Boten sattsam bestättiget.

Ad. 10ᵐᵒ So wenig das Kaiserl. Reichspost=Generalat dahin sich vergessen kann, die Nürnbergisch=despotische, bedrängnißvolle, und von der dasigen Burgerschaft bittere Klagen erpressende Regierungsform, zu Behauptung seiner Gerechtsamen, und als Repressalien beyzubringen, so wenig stehet es einem Hochlöbl. Magistrat wohl an, unter dem Vorwand der Aufrechthaltung seines, erwiesener maßen, gar wohl entbehrlichen Botenwesens, ein allerhöchst=Kaiserl. Regale mit Verleumdungen, und fälschlich erdichteten Factis, gleich die Post-

amtliche

amtliche, vermeyntlich monopolische Absichten sind, gegen alle Wohlanständigkeit anzutasten.

Der jenseitige Verfasser giebt deutlich zu erkennen, daß er bey Ermanglung statthafter Proben, mit Injurien zu fechten gewohnt sey, und daß zu seinem unverantwortlichen Vorhaben, ihm offenbare Unwahrheiten zu Gebot stehen müssen. Zu dessen Beschämung muß man hier anführen, daß bey dem in 1740. gemachten Entwurf, verschiedene Journalieres anzulegen, nach der Berechnung, der außerordentliche Aufwand auf $\frac{\cdot\cdot}{\cdot\cdot}$ fl., jener aber für die hiernächst zwischen Cölln, Amsterdam, Rotterdam, und dem Haag eingerichtete tägliche Post, auf $\frac{\cdot\cdot}{\cdot\cdot}$ fl. sich belaufen habe.

So unlaugbar nun eines Theils dergleichen Verfügungen dem Commercio ersprießlich sind, maßen die Frankfurter Kaufleute um die Verwendung bey denen holländischen Postämtern, diese Journaliere beyzubehalten, bey dem Herrn Erb-General-Reichsobristen Postmeister mehrmalen bittlich angestanden, die Holländer aber, unerachtet sie zu dessen Unterhaltung nicht einen Stüber beygetragen, auf eigennütziges Eintreden drey oder vier Amsterdamer vornehmer Kaufleuten, solche zu continuiren verweigeret haben, so gewiß ist es andern Theils, daß andurch die Reichs-Correspondenz dahin nicht habe anwachsen können, um ab dem eingegangenen Brief-Porto, nach bestrittenen allzubeträchtlichen Kösten, einiges Boni zu erhalten, wie dann die holländische Journaliere nicht einmal so viel, als derselben Unterhaltung erfordert, betragen hat. Rechne man nach, was die Vermehrung des zu sothanen täglichen Posten unumgänglich erforderlichen Personalis, und deren hin und wieder zu Beschleunigung der Correspondenz aufgestellter Conducteurs kostet, wobey, gleich bey denen zwischen Nürnberg und Hamburg, der

Königl.

Königl. Dänisch- und Schwedischen Staats-Correspondenz wegen, angelegten zwey neuen Ordinarien geschehen, man des zuverläßig vorausgesehenen Verlusts ungeachtet, alleinig die Aufnahme der Handlung, und die Wohlfahrt der Reichs-Correspondenz, Reichspostamtlicher Seits zum Augenmerk gehabt hat; so werden diese bestgegründete Betracht- und uneigennüßig-Postamtliche Vorkehrungen, anstatt des unter unerfindlich-monopolischen Absichten jenseits bezielenden widrigen Eindrucks, einem Hochlöbl. Magistrat zu einer wohlverdienten Confusion, dem Kaiserl. Reichspost-Generalat hingegen, zu einem obwohl Gegentheils mißgönnten Ruhm gereichen.

Hochlöbl. Magistrat hat über dies nach der ihm gegebenen Information, welchergestalten auf eine von dem Königl. Preußischen Hochlöbl. General-Post-Directorio zu Berlin eingekommene Klage, das Oberpostamt zu der rechtfertigenden Ruckantwort veranlasset worden sey, daß mittelst königlicher, an die Herrn Marktgrafen von Brandenburg-Culmbach, und Brandenburg-Onolzbach Hochfürstl. Duchlaucht, Durchlaucht, des Landesherrlichen, zu deren Nürnbergischen Boten-Visitationen nöthigen Beystands wegen, erlassender Requisitorial-Schreiben, der Sache am besten auf den Grund gesehen werden könnte, unrecht, daß selbiger über einen das Königl. Interesse sowohl, als ein Kaiserl. Regale, folgsam Jhro Kaiserl. Majestät selbsten betreffenden Gegenstand, auf eine so ärgerlich und injuriös Art sich herauszulassen, keinen Scheu traget.

Jenseits wollen die Boten-Visitationen unter dem Vorwand, daß andurch dem allerhöchst-Kaiserl. Post-Regal an sich kein weiterer Vortheil zugehen thäte, wohl aber der darunter verborgen liegende merkliche Privat-Nußen befördert wird, mißbilliget werden: allein wann die Ueberschreitungen deren Boten

dem

dem besagten Regali nicht nachtheilig wären, würden Kaiserl. Majestät so viele Patenten, Rescripten, und Urtheile, worinnen der ab denen Boten-Excessen allerhöchst Ihro Post-Regal veranlassende Præjudiz pro motivo genommen wird, nicht erlassen haben.

Und wenn ja posito, bey sothanen Visitationen ein Privat-Nutzen vorwalten sollte, hat Feudatarius um so weniger Ursache selbigen verborgen zu halten, als er eines Theils solchen justo Titulo ziehet, andern Theils aber die Wahl-Capitulation, welche das Protectorat sowohl, als das Kaiserl. Reichspost-Generalat gegen deren Botenunfug geschützet wissen will, vor sich hat.

Der jenseitige Verfasser gehet in seinem übertriebenen Eifre so weit, daß er nicht allein die Visitationen deren Nürnbergischen Boten dem Handlungsflor entgegen stellet, sondern dieselbe auch unter denen in der Wahl-Capitulation Art. VII. §. 3. 4. verbotenen Monopoliis in rebus ad politiam spectantibus, & rebus commerciorum, einer und zwar vorzüglichen Stelle würdiget.

Ersteres belangend, hat man solches durch die oben bewiesene Entbehrlichkeit deren Boten, und daß auch ohne derselben Daseyn, dem Commercio durch die alleinige Reichsposten hinlänglich prospiciret, die Postamtliche Meynung gleichwohlen nicht sey, das in seinem gesetzmäßigen Schranken sich verhaltende Botenwesen in seinem Exercitio zu stöhren, beantwortet.

Bey dem andern wird der Magistratische Schriftsteller vermuthlich sich nicht erinneret haben, quod monopolium ad res illicitas, odiosas, & Reipublicæ nocivas relatum, sit, quando quis certum mercaturæ genus, pretio arbitrario vendendum sibi soll arrogat.

Halte man die in vorstehender Definition enthaltene Eigenschaften, und die Postamtlich = oft wiederholte Aeußerungen, daß suum cuique, falls solches über die Gebühr und Gesetze, in præjudicium tertii, nicht extendiret werden will, genau zu beobachten, mit dem weiteren Anbetracht zusammen, daß das Erb=General=Reichsobriste Postamt, nach der in der Wahl=Capitulation, Art. XXIX. §. 2. vorgeschriebenen Verbindlichkeit, die getreue und richtige Briefbestellung **gegen billiges Postgeld**, so in allen Posthäusern zu jedermanns guten Nachricht in offenen Druck beständig angeschlagen seyn solle, ꝛc. schuldigst bis jetzo befolget hat; so wird hierab niemand die nur jenseits unüberlegt, oder vielmehr boshaft erdachte monopolische Absichten, wohl aber die aufgedeckte Schwachheit, den Abgang bewährter Proben, mit ungescheut einschaltenden Absurditäten zu ersetzen, ohne Mühe entnehmen können.

Wann jeder an sein in der Wahl=Capitulation bestättigtes Privilegium, und die demselben beygefügte Einschränkung sich haltet, wird niemalen zu befürchten seyn, daß die Kaiserl. Reichsposten aus der Correspondenz ein Monopolium, oder nur dergleichen Gedanken zu machen sich vergessen werden.

Ad 11<sup>mo</sup> Die fast auf allen Blättern auftretende Privilegien scheinen die Wirkung eines jenseitig=übel angebrachten Selbstruhms zu seyn: dann da sich niemand dem Art. I. §. 9. der Wahl=Capitulation, wo Ihro Kaiserl. Majestät denen Reichsständen Privilegien und Regalien, Gerechtigkeiten, Gebräuche, und Gewohnheiten allergnädigst zu bestättigen geruhet, zu widersprechen in Sinn kommen lassen wird; so ist nicht abzusehen, zu was Ende ein Hochlöbl. Magistrat solchen habe citiren wollen, um so weniger, als hier nur die Rede von einem dem

dem Kaiserl. allerhöchsten Ansehen anklebenden Befugniß ist, wodurch die Reichsposten die Briefe ohne Ausnahme und Einschränkung auf denen von ihnen hergebrachten Routen zu verführen, und solche demnächst ihrer Bestimmung halber denen benachbarten auswärtigen Posten zu übergeben, berechtiget werden.

Allenfalls, und wann wider Verhoffen, ein Hochlöbl. Magistrat seinem privilegirten Botenwesen einen eben so extensivischen Sinn beyzulegen, und eine Concurrenz mit denen Reichsposten einzuraumen gedenket, muß solches eine zugleich ertheilende Gewalt, die Reichsgesetze, welche die Verführung der denen Boten erlaubt- oder verbotener Briefe genau bestimmen, ohne Bedenken zu überschreiten, involviren.

Daß ferner vermög des Reichsabschieds de Anno 1641. §. 93. das allerhöchst-Kaiserl. Post-Regale in seinem Esse erhalten werden solle, will zwar jenseits aus einer besondern Güte anerkennet, zugleich aber, daß es dabey nicht geblieben, bemerket, und daraus gefolgeret werden, daß, wann in dem jetzt bezielten 1641. Jahr, zwey durch das Reich gegangene Routen existirt haben, man Reichspostamtlicher Seits eine dritte und mehrere anzulegen nicht befugt gewesen sey.

Und warum will dann jenseits das Kaiserliche Reichspostwesen in seinen ursprünglichen Besitzstand mit solcher Heftigkeit zurück gewiesen werden?

Deswegen, audite & stupete gentes! weilen ob der von der allerhöchsten Lehenherrlichkeit, dem Feudatario aufgelegten, und werkthätig erfüllten Pflicht, das zu Lehen tragende Kaiserl. Reichspost-Regale, zu verbessern, und mittelst Anlegung neuer Routen, des Reichs- und auswärtiger Staaten Wohlfahrt zu befördern, der Ruin dem ohne Excellen nicht bestehen könnenden, auch althergebrachten Botenwesen angekündiget,

diget, somithin die Magistratisch-extensivische Absicht, den notorie verpönten Unfug seiner Botrn, pro privilegiato vel quasi gelten zu machen, mit Gewalt durchgesetzet werden will.

Die gesund und ungekünstelte Vernunft wird folglich auf eine denen Kaiserl. Reichsposten ungezweifelt vortheilhafte Art entscheiden, wie wenig Ehre der Magistratische Schriftsteller ab seiner nagelneuen, verdreheten, und in hochtrabenden Worten eingehüllten Schlußkunst, sich versprechen könne. Wie dann

Ad 12ᵐᵒ der in jenseitigem Promemoria sub N. XXIII. citirte Mulzius, dessen Ausspruch ohnehin für gesetzgebend nicht angesehen werden mag, denen Capitulations- und überhaupt gesetzwidrigen Ueberschrittungen deren Boten, das Wort gesprochen zu haben, nicht præsumiret werden kann.

Ad §. 16.

Wie wenig also der Magistratischer Seits abermalen gebrauchte Ausdruck von Reichspostamtlichen, gegen das alte Botenwesen zu Nürnberg unternommenen grundverderblichen Bedrückungen, und übertriebenen Einschränkungen sich verantworten, und mit denen in gegenwärtiger Rechtsgegründeten Widerlegung vorkommenden, dem Kaiserl. Reichspost-Generalat, und dessen bisherigen Benehmen offenbar das Wort sprechenden Reichsgesetzen vereinbaren lasse, und wie wenig die unausgesetzte Bemühung, aus einer willkührlichen Auslegung der Wahl-Capitulation, für das Stadt Nürnbergische Botenwesen eine Ausnahme, und eigenmächtige Erweiterung deren, demselben gesetzten Schranken, sofort noch von denen Höchst- und hohen Reichsständen einen die Boten-Excessen unterstützenden Beystand zu erzielen, fruchten werde; solches, wie es oben bereits des breiteren dargethan wor-

55

worden, findet sich durch die weitere Erwägung bestättiget; daß, gleichwie bey der Anno 1748. gegen die Reichsstadt Cöllnische Boten, die gewiß eben so alt und berechtiget, als jene von Nürnberg, gewesen sind, ergangenen Paritoria, die Herren Churfürsten von Maynz, Trier, Cölln und Pfalz, Churfürstliche Gnaden und Durchleucht, durch die übernommene execution, den von denen Boten verübten Unfug eingesehen, und zu dessen Abstellung der Obristrichterlichen Macht Ihre vereinte Kräften wirksam dargeboten haben, diese höchste Stände die identitatem des von denen Nürnbergischen Boten, denen Reichsgesetzen entgegen, zu schulden bringenden Vergehens nicht mißkennen, noch die von einem Hochlöbl. Magistrat vorspiegelen wollende, aber nie erfindliche Ausnahme billigen, Ihro Hochfürstl. Gnaden zu Bamberg auch, auf Allerhöchst-Kaiserl. requisition, gegen die Excellenz deren Nürnbergischen Boten, Ihro Beystand nicht versagen werden.

Daß die mit denen Durchleuchtigsten respective Chur- und Fürstlichen Häusern Pfalz, Bayreuth und Anspach geschlossene conventionen eine gleichmäßige assistenz gegen die Ueberschreitungen deren Boten, zuverläßig vorsehen lassen.

Wie dann die von verschiedenen Schwäbischen Ständen gegen die strafbare, und besonders den Lindauerboten übernommene executionen, die Versicherung Ihro günstigen Gedenkensart enthalten.

Auch die verschiedene von Ihro Churfürstl. Durchleucht in Bayern gegen die Boten erlaßene Verordnungen geben den vorläufigen Beweis, wie wenig gutes ein Hochlöbl. Magistrat von daher sich versprechen könne.

Der hohe Deutsche Orden, und des Herrn Herzogs zu Würtenberg Hochfürstl. Durchleucht haben durch ihre noch neuer-

D 2 lich

lich - verehrungswürdige Beyspiel dargethan, wie bereitwillig Höchst Dieselben, das Ihrige wirksam dahin beyzutragen seyn, damit das Reichsstädtische Botenwesen in seine behörige, von Kaiserl. Majestät, und dem Reich bestimmte Schranken zurückzuleiten, der ernstliche Bedacht genommen werden möge.

Nachdem man nun eine nach denen Reichsgesetzen abgemessene, sohin statthafte Beantwortung dem Magistratisch-voluminosen, und ungegründeten Klagwerk entgegen gestellet, und die widerrechtlich - jenseitige Absicht, das Allerhöchst-Kaiserl. Post-Regale, auf eine unglimpflich- und injuriose Art, in seinem a Cæsare & Imperio unumschränkt- befestigten Besitzstand und Esse anzutasten, seinem Botenwesen aber einen unbegränzten Umfang, der Wahl-Capitulation und Kaiserl. Patenten diametraliter entgegen, selbst richterlich anzuweisen, an Tage geleget hat; so kann man Reichspostamtlicher Seits der billigen Entscheidung, wodurch von denen höchst und hohen Ständen des Reichs, der unbefugt klagführende Magistrat zu Nürnberg ab- und dahin angewiesen werde, nach dem obbelobten concluso Cæsareo clem., und nach Vorschrift deren Reichsgesetze führohin, sich zu benehmen, mithin seine Boten in ihren Schranken zu halten, getrost entgegen sehen.

An-

# Anmerkungen

## Ueber den sogenannten Nachtrag.

Hierinnen wird das alte Lied neuerdings angestimmet, und das, so in der so rubricirten Geschichtserzählung von angeblichen Beschwerden, unstatthaften Anschuldigungen, Erdicht- und Verunglimpfung, und dergleichen mehr, der Länge und Breite nach gegen die Kaiserl. Reichsposten, vorgekommen, in dem Nachtrag weitläufig wiederholet. Da man nun sothanes ruhmredige und unerhebliche Schriftwerk sattsam widerleget, sohin bewiesen hat, daß man Reichspostamtlicher Seits mit unumstößlichen Gründen, keineswegs aber nach des jenseitigen Verfassers angenommenen Art, mit sophistischen Sprüngen zu fechten gewohnt sey, so hätte die Mühe, das bereits gesagte zu wiederholen, billig erspart werden sollen. Gleichwohlen, da das Nürnbergische Botenwesen als eine Quelle, wovon die Wohlfahrt des Commercii abfließet, und als unentbehrlich abermal angerühmet werden will, kann man nicht umhin, dieses nichtige Vorgeben, mittels Einrückung des von Kaisers Ferdinandi II. Majestät allerglorwürdigsten Andenkens, unterm 24ten Decemb. 1636., an das Churfürstl. Collegium, höchst dessen Gutachtens wegen, erlassenen, und von der eingebildeten Unentbehrlichkeit ganz anderst, und gegen den Magistratischen Begriff redenden Decreti, näher zu beleuchten.

„Die Röm. Kais. Majestät unser allergnädigster Herr,
„lassen die anwesende gesammte Herren Churfürsten, und
„der

„ der abwesenden Räthe, Botschafter und Gesandten hiemit
„ in Gnaden freundlich erinneren, und wird denselben ohne
„ das nicht unbekannt seyn, was maßen verwichener Jahren
„ sowohl höchst gedachter Kaiserl. Majestät Vorfahren am
„ Reich, Weyland Kaiser Rudolph, und Mathias Christ-
„ seel. Gedächtnuß, als auch jetzt höchst gedachte Kaiserl.
„ Majestät selbsten nach Antretung Ihrer Kaiserl. Regierung,
„ denen sämmtlichen Churfürsten und Ständen des Reichs,
„ die Handhabung des mit sonderbaren Kosten und Bemü-
„ hung angerichten, und in ziemlichen guten Gang gebrachten
„ ordentlichen Postwesens: hingegen aber Abschaffung deren
„ von einer Zeit zur anderen eingerissenen hochschädlichen,
„ und nicht weniger verhinder- und nachtheiligen Nebenboten-
„ werks und Metzger Posten, durch viel unterschiedlich- aus-
„ gegangene, und ins Heil. Reich publicirte Mandata und
„ Patenten, gnädigst aufgelegt, und anbefohlen, solcher
„ Maßen und Gestalt, daß ein jeder Churfürst oder Stand
„ des heiligen Reichs über berührten Mandaten und Patenten
„ vestiglich halten, der Kaiserl. Majestät Erb- General-Post-
„ meister, oder dessen nachgesetzten Gewalthabern, nicht allein
„ schleunige Execution wider die, welche berührte Mandata
„ übertreten zu haben ergriffen würden, ohne Respect oder
„ Ansehen der Person, ertheilen, und erfolgen lassen, son-
„ dern auch sonsten gedachtem Erb- General-Postmeistern, und
„ dessen angesetzte Verwalter und Posthalter gegen männiglichs
„ Eintrag, Muthwillen und Widersetzlichkeit in guter Pro-
„ tection und Acht halten, ihre Ordnungen, so sie zu Con-
„ servation und Erhaltung des Postwesens richtigen Gangs
„ und Laufs aufrichten möchten, manuteniren und vertreten
„ helfen, und also das mit großer Mühe und Unkosten dem
„ Heil.

„ Heil. Röm. Reich, und deſſen Churfürſten und Ständen
„ zu guten aufgerichtet Poſtweſen, aller Orten, erheiſchender
„ Nothdurft nach, befoderten ſollen, alles mehreren Inhalts
„ vorangezogener, zu viel unterſchiedlichenmalen ins heilige
„ Reich ausgegangener und wiederholter Kaiſerl. Mandaten und
„ Patenten.

„ Ob nun wohl ob höchſt ernannte Ihre Kaiſerl. Majeſt.
„ ſich billig keines anderen verſehen, als daß ſolchen vielfälti-
„ gen wohl gegründeten, und zu männiglichs Wiſſenſchaft in
„ Druck gefertigten Kaiſerl. Verordnungen und Befehlen, wie
„ vor dieſem geſchehen, alſo noch ferner der obliegenden Schul-
„ digkeit nach, allerſeits hätte nach= und gemäß gelebt werden
„ ſollen: ſo haben doch vor Höchſt = gedachte Kaiſerl. Majeſt.
„ eine zeithero ſoviel verſpüret und abgenommen, daß ſolchen
„ ausgegangenen Mandaten und Patenten ohne einigen gezie-
„ menden Reſpect, zumalen aber von denen geringeren Reichs-
„ ſtänden ganz zuwider und entgegen gehandelt worden, in-
„ deme bey denen Reichsſtädten Nürnberg, Augſpurg, Cölln,
„ Frankfurt, und Regenſpurg, auch anderen mehr Städten,
„ gewiße Perſonen, ſo ſie Ordinari-Boten nennen, verordnet,
„ welche die Woche zweymal aus= und abgehen, und nicht allein
„ die Briefe an das Ort oder Stadt, dahin ſie Boten verſchi-
„ cket werden, ſondern auch andere Briefe unterwegs zwiſchen
„ den Städten, dahin ſie aus= und eingehen, und dann fer-
„ ners dergleichen Brief, ſo weiters als etwan nacher Italien,
„ Frankreich, Hiſpanien, Engeland, Holland, und anderen
„ Provinzien gehörig, eigenes Gefallens auf= und annehmen,
„ und ihren jedes Orts habenden Directorn und Confidenten,
„ zu weiterer Beſtell= und Lieferung geben und zutragen, wel-
„ ches dann ſolche Sachen ſeyn, ſo höchſt= gedachter Kaiſerl.

„ Ma-

„ Majest. an ihrem wohlhergebrachten Kaiserl. Regal des Post-
„ wesens, wie auch denen sämmtlichen Herren Churfürsten
„ zu nicht geringem Præjudiz und Nachtheil, und beynebens zu
„ Defraudirung und gänzlicher Unterdruckung der wohl ange-
„ richteten Ordinari-Posten gereichen.

„ Nun will aber auf Seiten etlicher Städte zu deren
„ Glimpf und erheblichen Behelf, diese Anmaßung und neuer-
„ liche Procedur, theils mit des Erb-General-Postmeisters
„ unfleißiger Bestellung der Posten, unrichtiger Liefer- und Ver-
„ lierung der Brief, auch dabey suchender Eigennutzigkeit,
„ theils auch mit deme beschöniget und vertheidiget werden, daß
„ nicht allein die Postreiter und Boten neben den Briefen auch
„ allerhand Kramwaaren, ganze und halbe Stuck Gelds hin-
„ und wieder bringen, und man derselben richtigen Lieferung,
„ weilen sie mit Bürgschaft verbunden, versichert, sondern
„ daß auch bey Regierung obhöchst ernanntes Kaiser Mathiasen
„ Majest. Christseel. Gedächtnuß in Anno 1616. in einem zwi-
„ schen obbenennten Erb-General-Postmeistern, und der Stadt
„ Nürnberg, des Post- und Botenwesens halber vorgefallenen
„ Stritt und Mißverstand, die endliche Decision dahin ausge-
„ schlagen, daß einem jeden Burger, Inwohner oder Fremden
„ frey und erlaubt seyn solle, seine Brief und Paquet auf die
„ Kaiserliche Post seines Gefallens zu geben, und die einge-
„ brachte von derselben wieder abzuholen: hingegen aber nie-
„ mand verboten seyn solle, da anderst einem oder dem an-
„ dern die Kaiserl. Post zu gebrauchen nicht gefällig wäre,
„ seine Brief dem Stadt- oder andern particular-Boten zu
„ vertrauen, und aufzugeben.

„ Es ist aber hochgedachten Herren Churfürsten, und
„ der abwesenden Räthen, Bottschaftern und Gesandten nicht
„ un-

„ unbewußt, daß die Röm. Kaiserl. Majest. das Postwesen
„ als ein Kaiſ. Reservat und hohes Regal mit Rath und
„ Gutachten des Herrn Churfürsten zu Mayntz, als des Heil.
„ Reichs Ertzcantzlern, dem gantzen Röm. Reich zu guten und
„ sonderlichen Ehren aufgerichtet, und dannenhero mit nie-
„ mand darüber zu disputiren, oder sich in Proceſs einzu-
„ laſſen haben, sondern ihr hergebrachtes Kaiſerl. Regal,
„ daran Sie auch weder von hochgedachten Herren Chur- noch
„ Fürsten biß dahero nicht turbirt oder gehindert worden,
„ in andere Wege zu manuteniren und vorzustehen, in alle
„ Wege befugt seyn, in sonderlicher Erwägung, daß die Hand-
„ habung des Postwesens, auf Seiten höchst gedachter Kaiſerl.
„ Majestät zu Verhinder- und Schmählerung der Commercien
„ im wenigsten gemeynt, weilen Deroselben ohne das nicht un-
„ verborgen, was Ihro Selbsten, hochgedachten Herren Chur-
„ Fürsten, und dem Heil. Reich insgemein daran gelegen,
„ hingegen aber auch nicht unbewußt, daß die Städt und
„ Handelsleut des Nebenbotenwerks sich zu ihrem nicht ge-
„ ringen Vortheil und Privat-Nutzen mit Verwechslung,
„ Ein- und Ausführung unleidentlicher schädlicher Müntz-
„ Sorten und Contrabanden gebrauchen, dannenhero und ob-
„ wohl vor höchstgedachte Ihro Kaiſerl. Majest. in Kraft ob-
„ berührter vielfältigen ausgegangenen Mandaten und Paten-
„ ten befugt wären, denselben ohne Verzug zu inhaeriren,
„ und selbige mit denen hiebevor einverleibten Pönen und Stra-
„ fen zu erfrischen, und dies angemaßte Nebenbotenwerk,
„ sonderlich an den Orten, wo die Posten ohne das ange-
„ legt, gäntzlich und allerdings aufzuheben, und abzuschaffen,
„ in sonderbarer Erwägung, daß auch den Boten, wann
„ sie gar gedultet werden sollten, mehr nicht erlaubt, als

Q                        daß

„ daß ein jeder die Reise an den Ort, dahin er solle, nur
„ mit einem Roß und einer Person verrichten, unterwegs
„ aber ganz nicht abwechseln, weniger auf der Straßen und
„ Reise Briefe sammlen und ablegen, noch hierzu seine bestellte
„ Confidenten haben solle; so haben höchst ernannte Ihre
„ Kaiserl. Majest. jedoch für diesmal nur die Excess., deren
„ sich die Botten unterwegs in den Städten und anderen
„ Orten mit Austheil= und Sammlung der fremden Briefe
„ zur Ungebühr gebrauchen, gnädigst abschaffen, im übrigen
„ aber hochgedachte Herren Churfürsten, und der abwesen-
„ den Räthe, Botschafter und Gesandten hiermit respective
„ Freund= Vätter= Schwäger= Vätter= und gnädiglich ersuchen
„ wollen, hierinnen, auf was Maß und Weise, und ob
„ das neben Botenwerk im heiligen Reich, welches zu merk-
„ licher Unterdruckung des Postwesens gereicht, bey jetzigen
„ Zeiten gänzlich, oder nur zum Theil aufgehoben und abge-
„ stellt werden solle, Ihr gehorsamstes Gutbedunken zu mehr höchst
„ ernannter Kaiserl. Majest. fernern Resolution, in Unterthänig-
„ keit zu eröffnen, und zukommen zu lassen, und verbleiben 2c.

Gleichwie nun hieroh zur Genüge erhellet, daß nicht allein Kaiser Ferdinandus, sondern Allerhöchst deßen Vorfahrere
am Reich, Kaiserliche Majestäten christmildest= und glorwürdigsten Andenkens, das Botenwesen als ein überhaupt, und besonders zum Handlungsflor unnützes, dem Allerhöchst= Kaiserl.
Post=Regal aber schädliches Werkzeug gehalten, sohin die nur
aus Eigennutz Magistratischer Seits widersprechende Entbehrlichkeit offenbar an Tage geleget haben, so ist zugleich die Kaiserl.
Ungnade nicht undeutlich ausgedrucket, daß von denen gerin-
gern Ständen, und namentlich denen Reichsstädten Nürnberg,
Augspurg, Cölln, Frankfurt und Regenspurg, denen Kaiserl.

Man-

Mandaten und Patenten zuwider, sogenannte Ordinari-Boten, und zu dem Ende hin und wieder Directorn und Confidenten, die man nachhero in Botenschaffner und deren Helfers Helfer umgetauft hat, unterhalten werden.

Diese in dem Kaiserl. Decret vorkommende Benennung von Ordinari-Boten, welche der jenseitige Schriftsteller von Neben- und Winkelboten sorgfältig, jedoch umsonst unterscheidet, zernichtet also die Probe, so auf eine vermeyntliche Ausnahme gegründet werden will, und wird dem prophetischen Geist, welcher ob dem Umsturz derer Ordinari-Boten, den Verfall des Commercii verkündiget, wenig Ehre bringen, zumalen die Ausflüchte und Vorwände, unter welchen Magistratischer Seits man die Wirkung derer Kaiserl. Post-Patenten und Verordnungen zu vereiteln bishero gesucht hat, in ihrer völligen Blöße dargestellet werden.

Wie dann der Vortrag: ob die Boten ganz oder zum Theil abgeschaffet werden sollten? das für gemein- und höchstnöthig, ja! unentbehrlich angegebene Botenwesen merklich herunter setzet, das hierauf abgestattete, und von Wort zu Wort hier eingerückte Gutachten auch keinen Zweifel übrig lasset, daß das Churfürstliche Collegium solches unter einem ganz anderen Gesichtspunkt, als es Magistratischer Seits vorgemalet werden will, betrachtet haben müsse.

„ Was die Röm. Kaiserl., auch zu Hungarn und Bö-
„ heim Königl. Majest., unser Allergnädigster Herr ꝛc. an das
„ hochlöbl. Churfürstl. Collegium wegen deren bey dem Post-
„ wesen im Heil. Röm. Reich nun von etlichen, vielen Jahren
„ her, eingerißenen schweren Mängel und Gebrechen unter dato
„ den 24ten nächst abgewichenen Jahrs und Monats Decemb.
„ zu dem Ende in Schriften allergnädigst gelangen lassen, daß

„ die

„ die anwesende Herren Churfürsten, und der abwesenden Rä-
„ the, Botschafter und Gesandten, die Sachen in reife Be-
„ rathschlagung ziehen, und Ihrer Kaiserl. Majest. dero gehor-
„ samstes Gutachten unterthänigst eröffnen wollten, auf was
„ Weise und Maß hierinnen zu remediren, und ob das Ne-
„ benbotenwerk, welches zu merklicher Unterdruckung vorer-
„ wehntes Postwesens gereichen soll, bey jetzigen Zeiten gänz-
„ lich, oder nur zum Theil aufgehoben und abgestellet werden
„ solle. Dieses und anderes mehr hat ein hochlöbl. Churfürstl.
„ Collegium aus vorangezogener Schrift der Länge nach able-
„ send wohl eingenommen und erwogen.

„ Nun wird Ihrer Röm. Kaiserl. Majestät für die, bey
„ diesem gemeinnüzigen Werk, dabey sowohl Sie selbsten, als
„ alle Churfürsten und Stände, auch die gemeine Commer-
„ cien, so merklich interessirt, verspürte väterliche Sorgfalt,
„ und daß Deroselben allergnädigst gefällig gewesen, mit mehr
„ gedachtem Churfürstl. Collegio hier außer Communication
„ pflegen zu lassen, billig unterthänigster und fleißiger Dank
„ gesaget; und nach dem allen sich in Ersehung der Actrn be-
„ findet, als angeregtes Nebenbotenwerk in Anno 1579. bey
„ Regierung weyl. Kaisers Rudolphi glorwürdigsten Anden-
„ kens zu Augsburg hat eingeführet werden wollen, daß Ihre
„ Kaiserl. Majest. selbiges nicht allein der Zeit improbirt, son-
„ dern auch Dieselbe all solche neuerliche Eingriff durch unter-
„ schiedliche, an Chur- und Fürsten ergangene und ausgefertig-
„ te Befehl und Patenten ernstlichen inhibirt und verboten,
„ mit der Commination, wofern sich jemand darüber betreten
„ lassen würde, daß alsdann der oder dieselbe aller Orten im
„ Reich niedergeworfen, und ihnen all die Brief sammt den
„ Pferden mit allem deme, was sie weiter führten, und bey sich
„ ha-

„ haben, abgenommen werden sollte, gestalt deme Zufolge,
„ die Chur- und Fürsten am Rheinstrohm, in Dero Bottmä-
„ ßigkeit und Landen, offene Patenta anschlagen, und die
„ wirkliche Niederwerfung der Neben- und Metzgerposten zu
„ Werk richten, und fortstellen lassen; dannenhero wohl nicht
„ unbillig wäre, solchen schon für längst, cum sufficienti cau-
„ sæ cognitione ertheilten und ausgegangenen Kaiserl. Rescrip-
„ tis und Befehlen, die weniger nicht auch die letztere Jahr
„ hero von Euer Kaiserl. Majestät selbsten zum öfteren repetirt
„ und wiederholt worden, vestiglich zu inhæriren; ob aber nach Be-
„ schaffenheit der jetzigen Zeiten und Läuften, solche Nebenboten
„ durchgehends aller Orten im Reich zu verbieten und zu cassiren
„ seyn möchten, da würde wohl nicht unzeitig zu besorgen stehen, nach-
„ demalen etliche Reichsstände und Städte auf das alte Her-
„ kommen und ihre diesfalls erlangte possession, sich beziehen,
„ daß es dabey allerhand difficultæten abgeben dörfte; wäre de-
„ rowegen eines Hochlöbl. Churfürstlichen Collegii gehorsam-
„ stes und unmaßgebliches Gutachten und Meynung, daß an
„ allen denjenigen Orten, wo keine ordinari- Posten durchge-
„ hen, oder angestellt seyn, die Anordnung der reitend- oder
„ Fuß gehenden Boten billig zuzulaßen, und den Ständen
„ selbst, durch deren Territoria solche Anordnung zu machen,
„ Kraft ihrer Regalien, damit Sie vom Reich belehnet, heim-
„ zustellen seye; im übrigen und denen Reichsstädten aber,
„ allwo im Namen Euer Kaiserl. Majestät, durch die gräflich-
„ Taxische Erben, als welche mit dem Erb-Postamt wirkli-
„ chen belehnet, die ordinari wochentliche Posten angerichtet,
„ und mit schwerem Kosten unterhalten werden, solche Nebenbo-
„ ten anderer Gestalt nicht verstattet würden, als daß sie ohne
„ Führung des Posthorns, und nur mit einem unterwegs un-

R ab-

„ abgewechselten Pferd, oder zu Fuß diejenige Brief, so ihnen
„ etwan von Privat-Kaufleuten, oder anderen Bürgern und
„ Einwohnern in ihren Geschäfften zu bestellen aufgeben, allein
„ annehmen, und an das Ort, wohin sie geschickt, fortfüh-
„ ren und ablegen, unterwegs aber nirgends keine Brief an-
„ nehmen mögen und sollen. Dabey den Reichsstädten ihre,
„ über das Postwesen, angesetzte Directores, angeordnete son-
„ derbare Botenhäuser, wie nicht weniger die offene und ge-
„ meine Briefsammlung, und deren Verführung, allerdings
„ und bey ernster Straf zu inhibiren, und abzuschaffen, in
„ Betrachtung aus Mangel des nothwendigen Unterhalts, wann
„ auch nur an einem oder zweyen Orten allein, die Nebenbo-
„ ten in jetziger Uebung geduldet werden sollten, die ordinari
„ Kaiserl. Posten sonsten gar cessiren, und eingestellt bleiben
„ müßen ꝛc. ꝛc. Regenspurg den 17 Januarii 1637.

So klar vorstehendes Gutachten auch an sich schon ist, so findet man doch für nöthig, hievon ein- und andere Theile mit Anmerkungen begleitet, dem Publico, zu dessen weiterer Belehrung, vorzulegen, sohin kürzlich zu berühren, daß, so wie von dem höchsten Churfürstlichen Collegio die von Kaiserlicher Majestät geäußerte Intention, Allerhöchst Jhro Post-Regale gegen allen Eingriff und Unfug deren Boten sicher zu stellen, als eine denen Chur- und Fürsten, auch übrigen Ständen des Reichs, und dem Commercio gemein ersprießliche Reichsväterliche Sorgfalt verehret wird, das von Kaiser Rudolph glorwürdigster Gedächtniß beygebrachte Beyspiel, der Einführung deren Boten zu Augspurg, in Anno 1579. sich widersetzet zu haben, klar beweiset, wie wenig man damalen schon auf die ein un- und eigennütziges Volk ausmachende Boten reflectiret, dahingegen die Kaiserl. Reichsposten ganz anders, und für das gemeine- auch Hand-
lungs-

lungswesen, besonders vortheilhaft, ja! nöthig betrachtet habe; wie solches dann der Erfolg, daß nemlich des nur Allerhöchst gedachten, in Gott ruhenden Kaisers Rudolphi Majest. um denen hin und wieder überhand genommenen Boten, und deren Excessen, Gränzen zu setzen, an die Chur- und Fürsten am Rheinstrohm Patentern erlassen, höchst und hoch dieselbe auch in ihren respective Bottmäßigkeit und Gebiet deren Inhalt, mit Vorbedacht, bewerkstelliget haben, mehr als zu viel, mithin auch die Magistratische Uebereilung, durch eine offentliche Schutzrede, seiner Boten gesetzwidrige Ueberschreitungen genehmiget, ja! vertheidiget zu haben, bestättiget.

Die motiva, worauf die querulantische Reichsstadt Nürnberg ihr weitwendiges Impressum gründet, sind das Commercium, und der alte Besitzstand. Das erstere belangend, erhellet ex præmissis, daß die Handlung ohne die Boten gar füglich bestehen könne: die possession hingegen ist von dem hochlöbl. Churfürstl. Collegio mit dem Anfügen, daß eines Theils die damalige der Zeiten Beschaffenheit der Botenabschaffung im Weg stünde, anderen Theils aber die Reichsstädte dießfalls difficultæten erregen könnten, zwar einer Erwägung, mit der gleich darauf folgenden restriction jedannoch gewürdiget worden, daß der Besitzstand nur an denenjenigen Orten, wo keine ordinari Posten durchgehen, und angestellet sind, statt haben solle.

Will man nun betrachten, daß zwischen Nürnberg und Leipzig wöchentlich vier Ordinarien, und zwey Postwägen, zwischen Augspurg und Nürnberg eine Journaliere und Postwagen, zwischen Nürnberg und Regenspurg gleichfalls eine Journaliere, und zwey Postwägen angelegt sind; so wären Kaiserl. Majest. in Verfolg des gerecht abgefaßten Gutachtens, auf denen erst benannten, durch die Kaiserl. Reichsposten, mit

mit aller Nothdurft und Gemächlichkeit hinlänglich versehenen Routen, die Boten abzuschaffen, allerdings berechtiget; maßen noch über dieses höchst gedachtes Collegium denen Reichsständen, durch deren Territoria die Boten gehen, entweder selbigen den Transitum zu gestatten, oder aber unter dessen Untersagung, vermög Ihrer hergebrachten Regalien, selbst eigene, zu diesem Endzweck abzielende Vorkehrungen zu machen, anheim stellet.

Nehme man übrigens den von denen Reichsstädten, und besonders jener von Nürnberg, mit einer allzu grossen, und übel angebrachten Dreistigkeit angewendeten Besitzstand, den das Churfürstl. höchste Collegium, ohnehin nur nach denen damaligen Zeiten abgemessen, und als eine Wirkung der allermildest Kaiserl. Tolleranz angesehen hat, wie man will, so kann daraus gleichwohl der Schein einer Probe niemalen eruiret werden, daß denen Nürnbergischen Boten, nach der Magistratisch-selbstrichterlichen Anmaßung, die, wie belobtes Gutachten saget, fremde, das ist, weiter als von dem Abgang des Boten gekommene, und über dessen Bestimmungsort, sohin weiter gehende Briefe anzunehmen, und zu verführen, erlaubt seyn solle.

Wie mag also hochlöbl. Magistratus Noricus bey hitterem Tage eine dunkle Stelle über die verbotene, oder erlaubte Briefschaften suchen, da vermög des mehrbelobten, und in der Kaiserl. Wahl-Capitulation seinem ganzen Sinn nach ausgedruckten Gutachtens Collegii Electoralis, denen Boten die Schranken deutlich bestimmet, und selbige dahin angewiesen werden, daß sie ohne Führung des Posthorns, und nur mit einem unterwegs unabgewechslen Pferde, oder zu Fuß, diejenige Briefe, so ihnen etwan von privat Kaufleuten, oder andern

Bur=

Burgern und in ihren Geschäfften zu bestellen aufgeben, allein annehmen, und an das Ort, wohin sie geschickt, fortführen und ablegen, unterwegs aber nirgends keine Briefe annehmen mögen.

So wie nun die von Hochlöbl. Magistrats wegen, in Rücksicht deren verbotenen Briefen, unnöthig aufgeworfene Frage, durch vorstehendes Definitive aufgelöset ist, so kommet auch die Ordnung an die Reichsstädtische sonderbar angeordnete, und jenseits samt ihren verübenden Excessen in besondere Protection genommene Botenhäuser sowohl, als die offene und gemeine Briefsammlung, welche als dem Reichspostwesen nachtheilig, von dem Churfürstlichen Collegio, zu inhibiren, Kaiserl. Majestät, gutachtlich vorgestellet, und hierunter die Magistratischer Seits beneidet- und angefochtene Vermehrung deren Postamtlichen Intraden bezielet wird.

Unter so ungereimten Vorspieglungen hat man das Publicum zu hintergehen, und aus der nur besagten Vermehrung ein non ens, nämlich ein nie existirtes, und niemal zum Vorschein kommen werdendes Monopolium zu bilden jenseits gesuchet: allein wenn der Magistratische Verfasser, und dessen hoher Principal das Blatt umzuwenden, und das Churfürstliche Collegial-Gutachten, mit mehrerem Bedacht einzusehen belieben, wird zu ihrer Beschämung, das Gegentheil den monopolischen Traum mit dem Famosen: parturiunt montes &c., wahr machen.

## Ad I.

Ohne dem Beyspiel des seine das Botenwesen betreffende Pro-Memoria für symbolisch, die Oberpostamtliche hingegen als unzureichend vorgebenden Hochlöbl. Magistrats zu folgen, will man in der Zuversicht, daß ein unpartheyisches Publicum durch die Einsicht deren vom Gegentheil angefügten Beylagen überzeugt, die jenseitig-ungegründete Sicherheit eines gewührigen Beyfalls ganz anderst beurtheilen, und besonders, da Reichspostamtlicher Seits die gegen deren Boten Unfug erlassene Urtheile, Paritoriæ, Patenten, Postordnung, und die Wahl-Capitulation zum Grund gelegt worden, die diesseitige Waffen von einem ganz andern Stoff, als die Magistratische, auf Vorurtheil und Leidenschaften gebaute Principia, finden werde, demselben zu erwägen geben, mit was Grund die von Kaiserl. Majestät, und dem Reich dem Post-Generalat an Handen gegebene, und von demselben wirksam gemachte Befugniß, die von dem Magistratischen Schriftsteller, mit denen Reichsständischen Gerechtsamen in eine parallele gesetzte Boten-Excessen zu verhindern, eine vordringende Gewalt benennet werden könne.

### Ad II.

Man hat es aber bereits mehrmalen gesagt, und will zum Ueberfluß ad A. die Versicherung hier wiederholen, daß, so lang die Boten in denen gesetzmäßigen Schranken verbleiben, man selbigen nichts in Wege legen, dahingegen aber niemalen zugeben werde, daß, wie Hochlöbl. Magistrat es zu verlangen scheinet, die besagte Boten, um ihre Reise mit Nutzen und ergibig, auf Rechnung und zum Nachtheil deren Kaiserl. Reichsposten zu machen, ungescheut und eigenes Gefallens excediren mögen; auch kann die jenseitige Beherzigung, daß die Boten durch die vorgeschriebene Einschränkung endlich an Bettelstab gebracht werden, benenselben um so weniger zu statten kommen, als Kaiserl. Majestät, und das Reich an dem Daseyn deren Boten, und ob selbige reich oder arm sind, keinen Antheil nehmen, wohl aber durch die heilsamste Verordnungen dahin vorgewachet haben, und noch vorwachen, damit durch die eröstert Boten,

kein

71

kein Eingriff, Schmählerung, und Nachtheil dem Kaiserl. Reichspostwesen zugefügt werde.

Wegen Eröffnung deren verdächtigen, und verbotene Einschläge enthaltenden Paqueten, hat man in vorstehender Beleuchtung, die Magistratisch- unnöthige Besorgniß gründlich widerleget, auch, daß man Reichspostamtlicher Seits hierzu berechtiget sey, bewiesen, man will also, um dem Publico den Verdruß so vieler Wiederholungen zu ersparen, sich darauf, und zugleich auf die bewährte Erfahrung beziehen, daß in denen vorhinnig- und letzteren Boten-Visitationen, durch die in Beyseyn deren Postbeamten, von denen Ortsobrigkeiten verfügte Erbrechung deren zum Unterschleif gedienten Couverten und verbotenen Plighl, zwar die Boten selbst, die Correspondenz aber, und das Commercium niemalen einigen Nachtheil empfunden haben.

Wann man übrigens das oben angeführte Churfürstl. Collegial-Gutachten, und besonders die Passage, welche denen Boten keine andere Briefe, als jene, welche ihnen von privat Kaufleuten, oder andern Burgern und Einwohnern anvertrauet werden, anzunehmen erlaubt, gegen den jenseits aufgewärmten, vermeyntlich- extensivischen Begriff derer weiter kommenden Briefschaften, zu halten beliebet, wird wohl an dem jenseitigen Irrwahn, und dem ganz natürlichen Schluß niemand zweifeln, daß alle weiter, als von dem Abgang des Boten kommende, und über dessen Bestimmungs-Ort lautende Briefe in die Categorie deren verbotenen gerechnet werden müssen.

Allein so wenig man in Ansehung deren von nahe gelegenen Orten aufgebenden Briefschaften, nach der Strenge, Reichspostamtlicher Seits verfahren wird, so gewiß ist es, daß man den aus der Botenverbindung entstehenden, und aus dem Auslag-Porto bemerkenden Unfug niemalen zugeben werde.

S 2  Ad

Ad b.) So berechtiget übrigens die Kaiserl. Reichsposten zu Erbrechung deren Couverten auch sind, worunter der von denen Botenschaffnern, und Boten verübende Unterschleif verborgen lieget, so wenig kann denenselben erweislich gemacht werden, diese ihnen durch die oft belobte Paritoria ertheilte Befugniß gemißbrauchet, sohin solche auf die Entsieglung deren Briefschaften selbsten extenditet zu haben.

Hochlöbl. Magistrat glaubet zwar, daß nach dem einmal beyderseits festgesetzten Begriff derer erlaubten, oder unerlaubten Briefschaften und Sachen, die Abstellung deren aufmachenden derley verdächtigen Paqueter und Couverten um so eh ender statt haben könne, als sodann denen Boten die Beobachtung der Ordnung, und angewiesenen Schranken, von Obrigkeits wegen hinreichend aufgegeben werden solle. Allein so wie eines Theils die Ansinnung, dergleichen Paqueter nicht mehr zu eröffnen, den Wunsch, den darunter von denen Boten spielenden Betrug verewiget zu sehen enthaltet, so klar und deutlich haben andern Theils, wie des breiteren oben erwähnet worden, das mehr berührte Churfürstl. Collegial-Gutachten, so viele Judicata und Paritoriæ, und endlich die nacheinander gefolgte Kaiserl. Wahl-Capitulationen, daß außer denen Briefen, welche in loco de quo gesammlet, und ad locum ad quem zu distribuiren unmittelbar gehörig sind, alle andre für verboten gehalten werden sollen, bestimmet, so, daß die unnöthige Zuwartung eines anderweit über diesen Gegenstand aufzustellenden Begriffs, die bezielende Wirkung, durch eigends unternehmende Schmählerung deren Reichspostamtlichen Gerechtsamen, jene deren Boten zu vermehren, so wenig, als die angerühmte Verwendung der Obrigkeitlichen Gewalt den anhoffenden Eindruck hervorbringen werden, zumalen das Vergangene schon mehr als zu viel

be-

bewiesen hat, wie wenig man darauf eine Rechnung machen, sondern vielmehr vorsehen könne, daß die Magiſtratiſche, deſſen Boten zuwendende Vorliebe, und die gegen die Kaiſerl. Reichspoſten nährende Abneigung, unüberſteigliche Hinderniſſen, die in ihrem Unfug verhärtete Boten in denen Reichsgeſetzmäßigen Schranken zu halten, jederzeit in den Weg legen werden.

Die erneuerte jenſeitige Anregung, daß durch dergleichen Reichspoſtamtliche Extenſiones nicht nur das beſt fundirte Botenweſen gänzlich ruiniret, ſondern die ſo nöthige Sicherheit der Handlungs- und aller Correſpondenz, auf eine nimmermehr zu juſtificirende Art, beeinträchtiget werde, findet in dem aus denen vor angeführten Stellen erſichtlichen Anbetracht, daß die Boten, deren Exercitium ohnehin nur ihren privat Nutzen intereſſiret, von Kaiſerl. Majeſtät, und dem Reich keiner Achtung gewürdiget, die Kaiſerl. Reichspoſten hingegen als ein für die Staats- Handlungs- und übrige Correſpondenz gemein erſprieß- und unentbehrliches Weſen angerühmet werden, ſeine gemeſſene Abfertigung, und hätte folglich der jenſeitige Verfaſſer mit der vorgegebenen Correſpondenz= Stöhrung ſowohl, worüber niemand, als dem Hochlöbl. Magiſtrat zu klagen eingefallen, derſelbe aber mit der nie erfindlichen Probe zuruckgeblieben iſt, als mit dem Vorwurf, daß bey denen vorgeweſenen Viſitationen, man Oberpoſtamtlicher Seits die Billigkeit überſchritten hätte, an ſich halten ſollen, geſtalten ſelbige als das einzig- erklekliche Mittel, die Boten in denen vorgeſchriebenen Schranken zu halten, von denen Reichsgeſetzen ſelbſt an Handen gegeben werden.

Und wie mag endlich das Magiſtratiſcher Seits, denen Boten unverdient zugelegte Lob, dem Kaiſerlichen, immer größer gewordenen Poſtweſen niemalen einen ungebührenden

K    Ein-

Eintrag gemacht zu haben, mit denen von ersteren ununterbrochen zu Schulden gebrachten gesetzwidrigen Excessen, sich vereinbaren lassen? wenigstens kann die aus Mißgunst von dem jenseitigen Verfasser angeregte Postamtliche Vergrößerung, falls solche auch über ihren gegenwärtigen Besitzstand noch mehr anwachsen sollte, zu keiner Probe deren Boten-Unsträflichkeit dienen.

Ad c.) Die jenseitige Schlußrede, als ob durch die denen Fuhrleuten setzende Schranken die Kaiserl. Reichsposten in ein gemeines Fuhrwerk sich zu verwandeln gedächten, hinket, dann ab deme, daß man denen von Fuhrleuten und Boten gleich verübenden Excessen sich widersetzet, nicht gefolgeret werden kann, daß die Reichsposten das, so die Fuhrleute mit Recht verführen können, sich anmaßen. Allenfalls, und wann ja bey der Visitation des Stuttgarder Boten, Oberpostamtlicher Seits excediret worden seyn sollte, stehet es gleichwohl nicht dem Magistrat, sondern des Herrn Herzogs zu Wirtenberg Hochfürstl. Durchleucht zu, darüber einiges Mißfallen zu bezeigen: allein Höchstderoselben nachgesezte Regierung hat im Gegentheil dem besagten Boten, nichts, so in der Kaiserl. Wahl-Capitulation verboten, anzunehmen gemessen und ernstlich eingebunden.

Wie unbillig und ungegründet die Anschuldigung des die Reichsfahrende Posten in ein gemeines Fuhrwerk metamorphosirenden Magistratischen Schriftstellers sey, wird das Publicum ab der in Anno 1748. bey Joh. Bernard Eichenberg dem ältern zu Frankfurt am Mayn gedruckten so genannten Anweisung, nach welcher die Postmeister, Postverwalter, und *Expeditores* bey denen Kaiserl. Reichs-*Ordinaire* fahrenden Posten sich zu richten haben, des breiteren entnehmen, wovon zu beliebiger Einsicht der dahin einschlagende XXVI Art. hier folget:

„ Der

„ Der Wagen solle niemals allzuschwer, und sonder-
„ heitlich bey anhaltendem bösen Wetter und schlimmen Weg
„ nur mediocre, und dergestalten beladen werden, daß selbi-
„ ger mit vier tüchtigen Pferden fortzubringen sey, in Gefolg
„ dessen die völlige Ladung, Personen und Hardes mit einge-
„ rechnet, höchstens über 20. Centner schwer nicht ausmachen
„ solle, zu dem Ende dann auch kleine und leichtere Sachen de-
„ nen größern und schweren jederzeit vorgezogen, ja die gar
„ große Ballen, Kisten, Fässer, Baab- oder Sauerbrunnen-
„ verschläg, und andere fractbarre, der Verzollung unterwor-
„ fene Güter niemals anzunehmen, sondern und wann auch zu-
„ weilen von diesem oder jenem Correspondenten ein von nur
„ erwehnter Gattung zwar ausgenommenes, gleichwohl über
„ 100. Pfund schwer fallendes Verschläglein oder Kistlein auf-
„ gegeben werden wollte, solches nicht bald anzunehmen, son-
„ dern jenen zu veranlassen, daß er solche, wo es sich anderst
„ thun lasset, zertheilter aufgebe, ꝛc.

So gleichstimmig nun die diesseitige, in der nur berührten fahrenden Postordnung ausgedruckte Meynung mit der jenseitigen ist, daß weder in einig allerhöchst Kaiserl. Post-Patent,
noch in der Kaiserl. Wahl-Capitulation denen Reichsposten ein
Jus prohibendi, oder denen Fuhrleuten die Verführung zollba-
rer Fracht- und Kaufmannsgüter zu entziehen, eingeraumet
worden sey, so wenig kann man es gleichgültig ansehen, daß
Hochlöbl. Magistrat die zum Nachtheil deren Reichsposten, unter Obrigkeitlich-strafbarer Connivenz von denen Boten verübende Excessen, ebenmäßig bey denen Fuhrleuten zu entschuldigen kein Bedenken traget, und würde über dies weit räthlicher
geschehen seyn, wann man jenseits, anstatt mit dem allerhöchst
Kaiserl. Verbot, aus dem Postwesen ein gemeines Fuhrwerk zu

machen, sohin mit einer unnöthigen Sorge gegen eine niemalen zu beförchtende, und gegen das Decorum des allerhöchst Kaiserl. Post-Regalis selbst streitende Ereigniß, sich zu beschäfftigen, die Sorgfalt, die Boten zu einem gesetzmäßigen Betragen anzuhalten, verwendet hätte.

Gleichwie nun aus dem vorstehenden die Magistratische Absicht, ein Hand voll mässiger, und von Kaiserl. Majestät sowohl, als dem Reich, in Ruksicht des Commercii für unnütz erklärter Leuten, und den von ihnen, denen Reichsgesetzen zuwider, fortwührig zu Schulden gebrachten, und noch andauernden Unfug zu schützen, dahingegen eine unverantwortliche Abneig- und Schmählerung denen Kaiserl. Reichsposten empfinden zu lassen, sonnenklar erhellet: so will der Lehentragende Erb-General-Reichspostmeister allerunterthänigst anhoffen, daß Ihro Kaiserl. Majestät diesem widerrechtlichen Unternehmen die allerhöchst Richterliche Gewalt entgegen zu setzen, und dasjenige, was in denen vor und nach ergangenen Post-Patenten, Sentenzen, und der Wahl-Capitulation gegen die Boten-Excessen publiciret worden, vorzukehren allergerechtest, und allermildest geruhen werden.

# Anmerkungen

über den zweyten Nachtrag, die Nürnberger Boten belangend.

Billig hätte man glauben sollen, daß der Nürnbergische Hochlöbl. Magistrat sich mit seinem in dessen Impresso und erstern Nachtrag enthaltenen unstatthaften, und nichts anders, als seinen Haß gegen die Kaiserl. Posten bestättigenden Gründen begnügen würde: Da er sich aber bemühet, durch seinen zweyten Nachtrag neue Kennzeichen seiner Abneigung zu geben, so hat man solche, und den Endzweck, die Kaiserl. Reichspost-Gerechtsame anzugreifen, durch Nachstehendes entwickelt, dem Publico vorlegen, und zwar

### Ad I.

In Ansehung der Magistratischen hier erneuerten Klage, daß man die Intention führe, die Kaiserl. Postwägen in ein gemeines Fuhrwerk zu verändern, und dieses völlig zu Grunde zu richten, auf den 26. Art. der in dem dießseitig erstern Nachtrag sub lit C. vorkommenden sogenannten Anweisung, und die ganz deutlich darinn ausgedruckte, dem gemeinen Fuhrwerk keineswegs nachtheilige Reichspostamtliche Gesinnung bewerfen wollen.

Wann deme ungeachtet, die Commissarii oder Expeditores bey der Kaiserl. Reichsfahrenden Posten, gegen den Innhalt des nur berührten 26. Art. sich wider Vermuthen versöhlen sollten (worüber gleichwohl noch nicht geklaget worden) so kann ein Hochlöbl. Magistrat einer genauen Untersuchung, und daß man allfernern Entgegenhandlungen, ab Seiten des Herrn

U Erb-

Erb-General-Reichsobristen Postmeisters, durch erkleckliche Maßnehmungen vorbeugen werde, sich versichert halten, so daß der jenseitige Verfasser die Bemühung, denen Fuhrleuten eine Schutzrede zu halten, um so mehr umsonst übernommen hat, als man ohnehin von denenselben nur verlangt, sich von deme zu enthalten, was die Reichsgesetze denen Boten zu verführen untersagen.

Da übrigens in dem unter eines Hochlöbl. Magistrats Genehmigung, zu Nürnberg jährlich gedruckt werdenden Kalender, der Stuttgarder Bot, der darinn befindlichen Verzeichniß deren übrigen Boten eingerücket, und in dieser Eigenschaft, Reichspostamtlicher Seits visitiret worden ist; derselbe aber nunmehro um deswillen, weilen er auch Kaufmannsgüter führet, jenseits auf einmal zu einem Fuhrmann gemacht, und darab die Zernichtung des Fuhrwesens irrig bezielet werden will; so muß der eigene Magistratische Kalender gegen einen Hochlöbl. Magistrat zu einem klaren Beweis, wie unrichtig die jenseits aufstellende Sätze seyn, dienen. So unveränderlich der diesseitige auch immer gewesen, und noch ist, das Fuhrwesen ungekränket zu belassen, so wenig wird man die von demselben und denen Boten gemein verübende Excessen gleichgültig ansehen.

### Ad II.

Befremdlich ist es, daß Hochlöbl. Magistrat einen Auszug der Antwort des Herrn Erb-General-Reichspostmeisters anführet, und demselben einen solchen Verstand beylegen möge, welchen man niemals geben kann; dann, wenn es wahr wäre, daß nach Ausfertigung dieser Antwort, welche nichts, so den Excessen der Boten günstig seyn könnte, enthaltet, das Oberpostamt einen Verweis über die Anwendung seiner eigenen Macht, und eine Instruction über die Art die Boten zu visitiren erhalten

ten hätte, so würde die Folge, die Hochlöbl. Magistrat aus dieser Antwort ziehet, einigen Grund haben. Gleichwie aber dem Oberpostamt weder eines noch das andere zugekommen, und alles, was die Visitirung belanget, dem Erb-General-Reichspostmeister berichtet worden, so folget, daß das Verhalten des Oberpostamts approbiret worden, und also abermals die Magistratische, auf den Sinn einer übel interpretirten Antwort gegründete Hoffnung vernichtet sey.

### Ad III.

Bey der jenseitigen Anregung deren nach obiger Antwort unternommenen Visitationen, kommet zu bemerken vor, daß das Oberpostamt hierzu niemals, ohne hierzu bevollmächtiget zu seyn, würde geschritten seyn.

Wie dann ohne einen besondern hierzu abzweckenden Befehl, von Ihro Kaiserl. Majestät durch die oft belobte Postordnung allen Postmeistern, Postverwaltern, und Posthaltern die Vollmacht die Boten zu visitiren, unter der Bedingniß, die Ortsobrigkeitliche Assistenz zu begehren, ertheilet wird. Wenn übrigens durch diese Visitationen nichts Verbotenes entdecket worden, so gereichet es denen Boten zum Ruhm, das Oberpostamt dadurch überzeugt zu haben, das sie anfangen dasjenige zu befolgen, was ihnen in denen Reichs-Constitutionen vorgeschrieben ist.

### Ad IV.

Die den 4. März 1766. über den Stuttgarder Boten verhängte Visitation bestättiget, daß das Oberpostamt nichts eigenmächtig unternimmt, wie jenseits irrig behauptet werden will. Was das ihme abgenommene Paquet anbetrifft, hätte man dessen Verführung übersehen können, weil ihme solches zu Stuttgard, ohne zu wissen, daß es von Tübingen gekommen, übergeben worden, da aber das quæstionirte Paquet nach Pegniz und folglich weiter, als die Reise des Boten, gehörte, so ist solches mit Billigkeit abgenommen worden. Daß übrigens die Kaufmannschaft zu Nürnberg, wie man jenseits vorgiebt, sich über die beständige Striger- und Erhöhung des Porto beklage, ist ein ungegründetes Assertum, um so mehr, als eines Theils durch die zeitherige Erfahrung, auch erforderlichen Falls durch glaubhafte Zeugnißen bewiesen werden kann, daß, wenn ja aus Versehen ein Brief oder Paquet zu hoch taxiret worden, man von Seiten des Oberpostamts, alsogleich nach entdecktem Irrthum, die behörige Remedur verschaffet habe, andern Theils aber man an den gedruckt- und publicirten, auch nach der Billigkeit abgemessenen Tarif sich unabweichlich haltet, und wäre zu wünschen, daß Hochlöbl. Magistrat bey Erkänntniß seiner Boten-Excellen einem gleichgearteten gerechten Beyspiel folgen thäte.

Man würde übrigens über deren Kaiserl. Reichspost-Officianten unfreundliches Begegnen sich zu beklagen niemalen Ursache haben, wenn nicht das unbescheidene, und oft ungestüme Benehmen ein und anderer Kaufmannsdiener und Jungen hierzu den Anlaß geben thäte.

Hochlöbl. Magistrat will zwar das Publicum bereden, als ob die Kaufmannschaft, der geschwindern und wohlfeileren Bestellung wegen, und daß auch Sachen an benachbarte Orten vorfallen, wohin die Posten gar nicht, oder wenigstens durch Umwege gehen, ihre Briefe und Paqueter lieber denen Boten, als Posten anvertrauen thäte, allein so wie gegen das erstere die Wahrheit selbsten, und die bewährte Erfahrung von dem auf die Reichsposten durchgehends setzenden vorzüglichen Vertrauen spricht, so können, da ohnehin die Posten an und durch alle diejenige Orte, wohin die Boten gehen, angeleget sind, die von einer

Haupt-

Hauptpost entspringende, rechts und links sich ausbreitende, und zu schleuniger Bestellung deren Briefen und Paqueten weit erklecklichere Gemächlichkeiten zu einem unumstößlichen Beweis der Unrichtigkeit jenseitiger Sätze, und zu Entdeckung der darunter hägenden Absicht dienen, wodurch Magistratischer Seits man ein in Postsachen nicht genugsam bewandertes Publicum durch derley Vorspieglungen zu verblenden, und, was lächerlich ist, ab der systematischen, und Ordnungsmäßigen, auch notorischen, folgsam ganz unnöthig mit Stillschweigen jenseits übergehenden Zuwartung einer Post auf die andern, eine denen Kaiserl. Reichsposten vermeyntlich nachtheilige, denen Botten hingegen vortheilhafte Wirkung zu erzielen trachtet.

### Ad V.

Der jenseitige Verfasser hätte der Mühe, hier abermals einen Schutz- und Lobredner deren Fuhrleuten abzugeben, sich wohl entsibrigen können, zumalen nach der obberührten, von dem Herrn Erb-General-Reichsobristen-Postmeister publicirten, so rubricirten Anweisung, denen Postwägen-Expeditorn dasjenige, so zu denen Frachtwägen gehöret, anzunehmen untersaget wird.

### Ad VI.

Magistratischer Seits werden die Gegenstände ganz anderst, als solche sich verhalten, vorgestellet, dann so wird.

Ad 1.) ab deme, daß das Oberpostamt der Aufgabe der nach Fürth und Felicht gehörigen Briefen und Paqueter, wie doch niemalen erweislich ist, sich widersetzet haben solle, ein dem Sinn und der Absicht der allerhöchst Kaiserl. Wahl-Capitulation zuwider laufender extensivischer Begriff von Wegstücken, denen Reichsposten um so unbilliger aufgebürdet, als von jenen Briefen und Paqueter, welche bey dem Nürnbergischen

Botenamt, an die nur besagte zwey Orten zu bestellen aufgegeben werden, nicht die Rede, sondern nur von jenen ist, welche, zum Beyspiel, nach Fürth und Feucht gehörig, von den Augspurger Boten nach Nürnberg gebracht werden: diese letztern sinds, welche denen Boten abzunehmen, die Reichsposten, in Verfolg deren Gesetzen, sich befugt erachten; es ist dahero nicht abzusehen, mit was Grund solche, da sie über des Boten Bestimmungsort gehen, denen erlaubten jenseits beygezählet werden wollen.

Ad 2.) Eben so unstatthaft ist die weitere Anschuldigung, daß Oberpostamtlicher Seits, die zu Hamburg franquirte, und nach Nürnberg bringende Briefe unter die verbotene Wegsachen gerechnet werden, maßen nicht die Verführung deren a Termino a quo ad quem gehenden, franquirt, oder unfranquirten Briefen, wohl aber jener widersprochen wird, welche zu Hamburg franco Nürnberg gemacht, zum Exempel nach Augspurg, folgsam über des Boten Bestimmungsort lauten, und nicht zu denen verbotenen Weg- sondern weitergehenden Sachen gehören.

Uebrigens scheinet es, daß man jenseits die eigene Convenienz zur Richtschnur, und die Reichsgesetze nur so weit, als selbige mit dem Privat-Interesse übereinstimmen, anzunehmen gewohnt sey, dann außer dem man den unverantwortlichen Ausdruck, daß die (gleichwohl durch die Kaiserl. und Reichsverordnungen deutlich untersagte) Connexiones deren Boten nicht widersprochen werden können, schwerlich gewaget haben würde.

Ad 3.) Wird dem Oberpostamt zur Last gelegt, daß solches die unter Couvert und Addresse eines Nürnbergischen Handelsfreundes, zu weiterer Beförderung ankommende Briefe als verboten ansiehet. So wie bereits oben versichert, und erkläret

ret worden, daß die vorgefundene derley Plighi niemalen weder verspätet, noch verlohren worden sind, so wenig kann die denen Reichsposten ab der eröfterten, gegen die ehemalig-Cöllnische Boten ergangenen Paritoria, ertheilte Befugniß, bey einem vorwaltenden gegründeten Verdacht, daß zu Verkürtzung derrn Posten, und zum Vortheil derrn Boten Einschläge vorsetzlich gemacht worden, dergleichen betrügliche Couverten zu eröfnen widersprochen werden.

Wenn nun eines Theils außer einem Hochlöbl. Magistrat niemand hiergegen, und daß darab dem Commercio einiger Nachtheil zugegangen sey, geklaget hat, andern Theils aber sothane Eröffnung mit der in der nur besagten Paritoria vorgeschriebenen Behutsamkeit, in Gegenwart der Ortsobrigkeit geschehen ist; so können die bis zum Eckel jenseits wiederholte, auf leere und unerweißliche Asserta gebaute, und sattsam widerlegte Præjudicia, samt der sub Nro. XXXVIII & XXXIX. beygebrachten Zeugniß und Gutachten, für nichts anders als ein Blendwerk betrachtet werden; wie aus dem Vorgang mit dem hinweggenommenen, und jenseits zu einem Stichblatt dienenden Paquet noch mehr erhellet, welches von Augspurg an Johann Gottlieb Gantzensang nach Zeüllenroda gestellet ware; dann hätte solches, wie es Anton Paul Heinlin bezeugen wird, zu Nürnberg, um mit dem besagten Gantzensang abzurechnen, verbleiben sollen, so wäre die Addresse an diesen letztern nach Zeüllenroda unnöthig, und vielmehr dieses Paquet von Augspurg unmittelbar, dieser vorgebenden Abrechnung halber, nach Nürnberg zu stellen erforderlich gewesen.

Dieses kann man unbemerkt hier nicht lassen, daß in der oben gemeldten, von dem Hochlöbl. Magistrat angezogenen Beylage der Tarif der Kaiserl. Reichsposten gegen jenem derra Boten gehalten, und zu erweisen gesuchet werde: daß der erstere höher als der letztere sey: Hochlöbl. Magistrat wird sich der Oberpostamtlichen Anzeige von der mittelst deren Visitationen gemachten Entdeckung, welchergestalten die Boten-Taxa jene deren Reichsposten überstrige, zu erinnern belieben. Um hierinnen desto versicherter zu seyn, hat das Oberpostamt den gedruckten Tarif von dem Botenamt begehret; die Antwort aber war: daß keiner vorhanden sey; woraus dann zu schliessen ist, daß solcher Boten-Tarif willkührlich sey, und daß die Boten dadurch Gelegenheit haben Excess über Excess zu begehen.

Wie viele Sachen hat man nicht durch die Visitationen bey ihnen gefunden, die sie so gut zu verbergen gewußt haben, daß man mit besonderm Fleiße, solche zu entdecken, hat nachsuchen müssen! und eben deswegen hat das Oberpostamt einem Hochlöbl. Magistrat zu verstehen gegeben, daß, weilen seine denen Boten vorgeschriebene Befehle ohne Wirkung blieben, man ihm hinlängliche Mittel zu einer genauern Befolgung an Handen geben wollte; allein anstatt einem so freundschaftlichen, und zu Erfüllung deren allerhöchst Kaiserl. auch Obrigkeitlichen Verordnungen, und der Wahl-Capitulation, wirksam abzielenden Anerbieten Gehör zu geben, wurde solches, vermuthlich aus Furcht, verworfen, daß der Oberpostamtliche Vortrag zu nachdrucksam seyn würde, die Boten im Zaum zu halten, deren Excessen unter obrigkeitlicher Begünstigung und Protection selbsten verübet werden.

Die Arglist und Bosheit der Boten kann aus folgendem weiter ersehen werden. Nachdem Ihro Kaiserl. Königl. Apostol. Majestät, zum Nutzen allerhöchst Ihro Unterthanen, und zu Beförderung des Commercii einen mit den Kaiserl. Reichspostwagen zu Paßau sich verbindenden Postwagen anlegen zu lassen,

für

für gut befunden, wurde der allergnädigste Befehl sogleich dahin ertheilet, daß die Nürnberger Boten 20. Pfund schwere Paqueter nicht annehmen sollten; die Boten, um diese allerhöchste Ordre zu vereiteln, wußten diejenigen, welche auf dessen Vollzug Obacht zu haben bestimmet waren, so zu gewinnen, daß sie ohne Unterlaß verbotene Paqueter ungestraft überführten; als nun diese Uebertretungen und Nachsicht entdecket und dargethan wurde, hat man solche zu verhindern nachdrucksamere Vorkehrungen getroffen. Die Boten, die sich einer so strengen Aufsicht nicht entziehen konnten, waren so listig, daß sie aus 3. oder 4. Paqueten, deren jedes weniger als 20. Pfund hatte, eines mit einer erdichten Addresse machten; die Befehle waren also dadurch ohne Wirkung; ja es geschahe, daß sie, um ein Paquet schwerer als 20. Pfund, und dessen Ueberführung gesetzmäßig zu machen, unter einem andern Einschluß demselben Ziegelsteine hinzulegten; dieser Betrug wurde für so vermessen und unverschämt gehalten, daß von selbiger Zeit an Ihro Majestät die Kaiserinn Königinn die Nürnberger Boten, als unwürdig allerhöchst Ihro Erbländer weiters zu betreten, erkläret haben, klarer Beweis, wie viel auf die jenseits so hoch und oft angerühmte Unentbehrlichkeit deren Boten in Rucksicht des Commercii zu halten sey.

Dieses Beyspiel sollte Hochlöbl. Magistrat seine Vorurtheile, und die seinen Boten zuwendende übertriebene Vorliebe billig benehmen, so mithin auch das Unrecht, das Oberpostamtliche, zu gemeinsamer Abstellung des Reichs-Constitutionswidrigen Unfugs abgezweckte Anerbieten nicht angenommen zu haben, begriflich machen, um so mehr, als darab die Geringschätzung des Obrigkeitlichen Befehls sich veroffenbaret, Geringschätzung, welche, so wie sie anderwärts billig geahndet würde, auch zu Nürnberg strafbar wäre, wann die dort unterstützte Boten nicht wüßten, daß ihre Obrigkeit, um sie zu schützen, sich anstellet, als ob die deren Boten-Excessen verbietende Wahl-Capitulation, ehe zu derselben Vollzug geschritten wird, forderfamst erläuteret werden müsse: wann also Hochlöbl. Magistrat durch sothane Verstellung, das, so sonnenklar ist, für dunkel auszugeben, und dadurch die Entgegenhandlung seiner eigenen, in Verfolg der gegen dessen Leipziger Boten ergangenen Paritoriæ, eingereichten Submission künstlich zu bemänteln weiß, so ist es nicht zu verwundern, daß die arglistige Nürnberger Boten Regis ad exemplum, sich ungescheut betragen.

Ad 2.) Es ist dem Herrn Erb-General-Reichsobristen-Postmeister selbst daran gelegen, daß man aus denen Postwägen kein gemeines Fuhrwerk mache, wie dann dieser jenseits unnöthig besorgenden Degradation durch die Anno 1748. publicirte Anweisung, wovon Articulus concernens oben bereits angefüget worden, vorgebogen worden ist. Gleichwie aber Hochlöbl. Magistrat behauptet, daß wider die schon geäusserte Intention die Postwägen überladen, und große mit Kaufmannsgüter angefüllte Ballots überführet werden, so wird man, wie schon gemeldet, untersuchen lassen, ob diese Beschuldigung gegründet oder ungegründet sey: erstern Falls, kann derselbe versichert seyn, daß man ungesäumte Remedur verschaffen werde. Uebrigens ist die wegen angeschuldigter Verwandlung derer Postwägen in ein gemeines Fuhrwerk, beygebrachte jenseitige Probe sehr schwach, maßen natürlicher Weise, und nach Erforderniß des Commercii selbsten, die Postwägen in Meßzeiten mehr als sonst beladen werden, der Schluß also, daß, wann man alsdann sich neben dem ordinari Postwagen der Calesche oder deren sogenannten Beywägen zu Fortbringung der Passagiers bedienet, zum Nachtheil derer Kaufleuten die ein und andere verboten seyn

sollen,

sollen, der jenseitig-ruhmredigen Beherzigung des Commercii, welches gleichwohl Magistratischer Seits in jeden Vorfallenheiten dem Vortheil deren Boten und Fuhrleuten ohne Bedenken aufgeopferet wird, diametraliter zuwider laufet. Die von dem Magistrat angezogene und vermeyntliche Klagen derer Posthaltern, wegen der übermäßigen Beladung deren Postwägen, sollten denselben an diejenige erinnern, die von seinen Unterthanen beständig geführet werden. Der Herr Erb-General-Reichsobrist Postmeister wird die seinige befindenden Sachen nach, heben, und Hochlöbl. Magistrat wird zweifelsohne für die seinige, folglich jeder für seine eigene Oeconomie sorgen.

Ad 3.) Der Magistrat wendet noch seine letzte Bemühung an, indem er sich über etwas aufhaltet, das klar ungegründet ist. Der Herr Erb-General-Reichsobrist Postmeister prætendiret so wenig die Exemption der von denen Postwägen überführten, und denen Mauthen unterworfenen Sachen, daß alle höchst und hohe Stände des Reichs, durch deren Gebiet die Postwägen gehen, mit der hinc inde convenirten Entrichtung der Zoll- und Geleits-Abgaben sehr wohl zufrieden sind. Wenn gleichwohl die Kaiserl. Posten hierwider handlen, und deswegen geklaget werden sollte, so lassen die Kaiserl. Reichsposten, deme ungesäumt abzuhelfen, sich jederzeit bereit finden. Es wäre also überflüßig dahier anzuregen, was wegen denen Mauthen in denen Erbländern des Allerdurchleuchtigsten Hauses von Oestreich üblich ist. Wenn immittelst Hochlöbl. Magistrat in Ansehung der Mauthen einige gerechte Ansprüche zu machen hat, so beliebe derselbe nur sich an den Herrn Erb-General-Reichsobristen Postmeister zu wenden, und versicheret zu seyn, daß derselbe, so wie dessen Gerechtigkeits-Liebe ohnehin bekannt ist, solche dem Hochlöbl. Magistrat, falls die Forderung gegründet ist, widerfahren zu lassen, nicht entstehen werde.

Daß schlüßlich die Handelsfreunde von Nürnberg contantienthaltende Paqueter, ohne mit einem Magistratischen Certificat, wie es sich gehörte, versehen zu seyn, nach dem Zeugniß des Ellingischen Protocollisten überschicket haben, und daß Hochlöbl. Magistrat selbst mißbilliget, daß dessen Einwohner durch Ueberschickung ihrer Gelder ohne sein Attestat zu viel gewaget, die Postwägen-Expedition zu Augspurg auch dergleichen Paqueter ohne Certificat empfangen, und dessen ungeachtet an ihre Behörde bestellet habe; alles dieses beweiset verbotene und strafbare Unordnungen, welche zu remediren beyde interessirte Theile verbunden sind, und werden diese Gegenklagen zweyfache Hülfe verschaffen, und versichert man zum voraus, daß man Reichspostamtlicher Seits mit diesem guten Beyspiel vorgehen werde.

Zum Beschluß verweiset Hochlöbl. Magistrat dem Oberpostamt die Heftigkeit seines Verfahrens; allein wie kann solches heftig genug seyn, da es Eingriffe in die Gerechtsame, welche Kaiserl. Majestät und das Reich angehen, zum Gegenstand hat? die Critique des daraus Oberpostamtlicher Seits dem Publico angepriesenen Vortheils ist folglich um so übler angebracht, als eines Theils, wann die ab diesem Verfahren gefolgerte Vergrösserung die Abstellung deren Boten-Excessen zum Endzweck hat, dem Publico allemal ein Nutzen, wenigstens niemalen der geringste Nachtheil zugehen wird: will aber andern Theils unter dieser Extension die Vermehrung deren Routen und Ordinarien verstanden werden, so kann auch diesfalls das Publicum der Vermehr- und Beförderung der allgemeinen Wohlfahrt entgegen sehen, wovon die von Reichs wegen zum Besten deren Posten gemachte heilsame Verordnungen untrüglich- und überzeugende Proben darlegen; man will dahero der jenseitig abermaligen Anregung, daß aus sothaner vermeyntlichen Vergrösserung der gewisse

Um-

Umsturz des Botenwesens, sohin auch der Verfall des Commercii erfolgen müsse, die obig-statthafte Widerlegung, mit dem alleinigen Anfügen, daß Kaiserl. Majestät, und das Reich das Daseyn, oder die Abschaffung deren Boten vollkommen gleichgültig betrachtet haben, entgegen stellen.

Endlich kann die Ausdehnung, sie mag seyn, wie sie immer wolle, denen Fuhrleuten niemals schädlich seyn, ausgenommen wenn selbige das Recht, denen Kaiserl. Reichsposten durch die Annahme deren ihnen so wie denen Boten zu verführen verbotenen Sachen zu schaden, sich anmaßen wollten: da also das Fuhrwerk unter der eben bemerkten Ausnahme, von Seiten deren Reichsposten, nichts widriges vorzusehen hat; so kann unter dem jenseits vorgeschützten vermeyntlichen Præjudiz nichts anders, als die Absicht, den Unfug deren Boten zu beschönigen verborgen liegen.

Es kann demnach ein Hochlöbl. Magistrat, wenn derselbe das auf seinen Befehl ausgearbeitete, lediglich Blendwerk, ungegründete Vorwürfe, und Ausdeutungen, welche denen Reichsgesetzen sowohl, als seiner eigenen Paritions-Anzeige zuwider laufen, enthaltende Werk näher, und nach einer desselben erleuchten Einsicht abgemessenen Ueberlegung beurtheilen will, hierab nichts anders sich versprechen, als daß einem durch die dießseitige Beleucht- und Widerlegung besser belehrten Publico die jenseitige, gegen das allerhöchst Kaiserl. Reichspost-Regale nährende Abneigung von selbst in die Augen leuchten werde.

Pro

## Pro Mantissa,

**Woburch die in der Oberpostamtlichen, durch das Nürnbergische** Impressum **abgenöthigten Beleuchtung vorkommende Magistratisch-** irrige Principia separatim **vorgestellet werden.**

Gleichwie der bey der Reichspostamtlichen Beleucht- und Widerlegung des Magistratisch-weitläuftigen Impressi vorgesteckte Endzweck lediglich die Belehrung des Publici von dem jenseitigen Bestreben, durch unerfindliche Facta, unrichtige Allegata, und überhaupt auf eine nie verantwortliche Art, das allerhöchst Kaiserl. Reichspost-Regale anzutasten gewesen ist; so dörfte diesem nemlichen Publico die weitere Information von der Magistratisch-entdeckten, so Ordnungswidrig, als verwegenen Absicht, den allgemeinen Reichstag in Bewegung zu setzen, allenfalls nicht mißfällig seyn.

Des Endes dann, und um die seiner vielgeliebten Boten-Excellen beschehene Widersetzung zu rächen, Hochlöbl. Magistrat sich einer Verstellung bedienen, sohin den an sich ganz klaren XXIX. Artic. der Wahl-Capitulation in Rücksicht deren denen Boten erlaubt-oder unerlaubten Briefschaften verdunkeln, und daher den Anlaß, bey dem Reichstag um eine legale und authentische Auslegung anzustehen nehmen will. Allein der Buchstaben des ersterührten Artikels, leget die unter diesem Vorschritt verborgene böse Absicht selbsten an Tag; maßen dem überhaupt für die Boten darin bemerkten Verbot, keine andere Briefe, Paqueter, und Personen, als de loco de quo, ad quem anzunehmen, ausdrücklich angefüget wird, daß die in

be=

denen Jahren 1716., 1620. und 1636. publicirte Kaiserl. allerhöchste Decreta, Patenten, und Rescripta, als eben soviel denen Boten zur genauesten Nachlebung vorgeschriebene Gesetze betrachtet und gehalten werden sollen: wenn nun die nur belobte Kaiserl. Verordnungen von dem allerhöchsten Reichs-Oberhaupt deriviren, das Reich selbsten auch in der Wahl-Capitulation darauf sich beziehet, und solche in Rucksicht des gegen die Boten errichteten Gesetzes pro basi leget, sohin in ihrem vollen Werth anerkennet; so hätten, falls auch etwas undeutliches, wie doch nicht ist, vorgekommen wäre, die gute Ordnung, die dem allerhöchsten Reichs-Oberhaupt schuldige Unterwerfung, und die geleistete theure Pflichten um die Erläuterung deren an sich sonnenklaren, und jenseits nur zu dem Ende, um seine gegen die Reichsposten hegende Abneigung zu bedecken, für dunkel ausgebender Stellen, nicht bey dem Reich, sondern Kaiserl. Majestät, von Allerhöchst welcher, berührtermaßen, die obangezogene Decreta, Patenten und Rescripten herfließen, nach der bekannten Regul: quod quisque interpres verborum suorum sit, anzusuchen Magistratischer Seits erforderet.

Raume man übrigens diesem Principio neoterico, interpretationem Legis bey dem Reichstag anzusuchen, auf einen Augenblick eine Wirklichkeit, und dieser höchsten Versammlung zu entscheiden ein, worüber von dem Thron gesprochen werden muß; so wird es um die geheiligte Justiz wunderlich aussehen, dann falls in diesem Supposito, jemand durch Recht und Urtheil zu dem seinigen gelanget seyn, einem Advocaten aber oder Rabulisten nachhero seinem Clienten beyzubringen einfallen würde, daß die publicirte Sentenz auf ein zweydeutiges Gesetze sich gründe, und dahero um dessen Erläuterung bey dem Reichstag angestanden werden müßte; so könnten ab diesem gefährlichen

Grund-

Grundsätze nichts anders, als Unordnung, und die betrübteste Folgen sich ergeben, ja! ein Hochlöbl. Magistrat zu Nürnberg selbsten, falls die dortige Burgerschaft sich dessen gegen ihn prævaliren wollte, sein eigenes, und neu aufstellendes Principium alsobald zu entkräften suchen würde. Worab dann der ungegründete Recursus ad Comitia, und das Absehen, die Reichsposten zu decreditiren, sofort weiters erhellet, daß, ob Hochlöbl. Magistrat schon durch sothanen Vorschritt nichts gedeihliches für seine Boten anhoffen kann, derselbe gleichwohl in der Idée, das Publicum allenfalls irr gemacht zu haben, ein heimliches Vergnügen suchen wolle.

Uebrigens kann das Magistratische Bestreben, den Reichstag ad cognitionem rei a Cæsare judicatæ zu bewegen, dieser höchst erleuchten Versammlung nicht anderst als mißfällig vorkommen, um so mehr, als das Reich dieser Entscheidung in der Wahl-Capitulation vollkommen beygestimmet hat. Das Publicum wird dahero ab dieser Erläuterung nicht ohne Aergerniß das Magistratische Ordnungswidrige Benehmen, und die strafbare Intention, die Kaiserl. Reichspost-Gerechtsame zu schmählern, deutlich entnehmen.

Wenn man schlüßlich das von dem Churfürstl. höchsten Collegio an Kaisers Ferdinandi Majestät glorwürdigsten Andenkens erstattete, und oben angeführte Gutachten erwägen, Hochlöbl. Magistrat auch seiner eigenen, in Verfolg derjenigen Paritoriæ, welche alles genau bestimmet, was nunmehro zweifelhaft gemacht wird, eingereichten Paritions-Anzeige sich zurückerinnern will: kann derselbe, ohne sich seiner affectirten Unwissenheit wegen, was denen Boten erlaubt, oder nicht erlaubt sey,
einem Tadel auszusetzen, eine weitere Auslegung
nicht verlangen.

www.ingramcontent.com/pod-product-compliance
Lightning Source LLC
Chambersburg PA
CBHW020256090426
42735CB00009B/1101